2017年度天津市哲学社会科学规划青年项目"马克思主义在日本的传播模式研究"（项目编码：TJKSQN17-001）结项成果

马克思主义在日本的传播

张 妍 著

南开大学出版社

天 津

图书在版编目(CIP)数据

马克思主义在日本的传播 / 张妍著. —天津：南开大学出版社，2022.10
ISBN 978-7-310-06253-9

Ⅰ.①马… Ⅱ.①张… Ⅲ.①马克思主义－传播－研究－日本 Ⅳ.①D731.3

中国版本图书馆 CIP 数据核字(2021)第 272817 号

版权所有　侵权必究

马克思主义在日本的传播
MAKESI ZHUYI ZAI RIBEN DE CHUANBO

南开大学出版社出版发行
出版人：陈　敬
地址：天津市南开区卫津路 94 号　　邮政编码：300071
营销部电话：(022)23508339　营销部传真：(022)23508542
https://nkup.nankai.edu.cn

天津泰宇印务有限公司印刷　全国各地新华书店经销
2022 年 10 月第 1 版　　2022 年 10 月第 1 次印刷
210×148 毫米　32 开本　5.875 印张　152 千字
定价:35.00 元

如遇图书印装质量问题,请与本社营销部联系调换,电话:(022)23508339

作者简介

张妍，女，山东潍坊人。天津财经大学人文学院日语系副教授、博士、硕士生导师。2007年本科毕业于中国海洋大学日语系。2009年硕士毕业于南开大学日语系。2017年毕业于南开大学，获得法学博士学位。主持完成天津社科青年项目一项，参与完成国家社科项目多项，在中文核心和其他期刊上发表论文十余篇。主要研究方向为：日本文化、日本马克思主义。

目 录

第一章 绪 论 …………………………………………… 1
  第一节 本研究的缘起及意义 ……………………………… 1
    1.1.1 理论意义 …………………………………………… 1
    1.1.2 实践意义 …………………………………………… 2
  第二节 研究现状 …………………………………………… 3
    1.2.1 关于日本对马克思主义在中国早期传播
          的影响的研究 ……………………………………… 5
    1.2.2 关于日本马克思主义发展史的研究 ……………… 7
    1.2.3 关于日本社会主义运动和日本共产党的
          研究 ………………………………………………… 9
    1.2.4 关于独立后的"日本马克思主义"的研究
          ……………………………………………………… 12
  第三节 研究方法、思路、创新点和不足 ………………… 14
    1.3.1 研究方法 ………………………………………… 14
    1.3.2 思路 ……………………………………………… 15
    1.3.3 创新点 …………………………………………… 17
    1.3.4 研究不足 ………………………………………… 17
第二章 移植阶段——马克思主义在日本的早期传播（明
        治维新后至第一次世界大战结束）……………… 18
  第一节 传播的时间节点的划分依据 …………………… 19
    2.1.1 将明治维新作为传播起点的依据 ……………… 19
    2.1.2 以第一次世界大战为划分点的依据 …………… 19
  第二节 马克思主义在日本早期传播的历史背景 ……… 21

2.2.1　政治背景 ………………………………………… 22
　　2.2.2　经济背景 ………………………………………… 23
　　2.2.3　思想文化背景……………………………………… 25
第三节　社会主义思想的初始传入（1868—1893 年）
　　……………………………………………………………… 26
　　2.3.1　"明六社"思想家的启蒙 ……………………… 26
　　2.3.2　"自由民权运动"与西欧社会主义 …………… 27
　　2.3.3　美国传教士与社会主义………………………… 28
第四节　工人运动的开展与社会主义思潮（1894—
　　1907 年）…………………………………………… 30
　　2.4.1　工会组织的出现………………………………… 30
　　2.4.2　社会主义研究与运动的开展和社会主义
　　　　　政党的建立………………………………………… 33
　　2.4.3　社会主义思潮与马克思主义在日本的真
　　　　　正传播……………………………………………… 35
　　2.4.4　马克思主义在日本的持续传播和发展……… 38
第五节　社会主义运动陷入"寒冬"与重新繁荣
　　（1908—1913 年，1914—1918 年）……………… 40
　　2.5.1　社会主义阵营的分裂…………………………… 40
　　2.5.2　"直接行动派"的覆灭与社会主义运动的
　　　　　"寒冬"……………………………………………… 41
　　2.5.3　社会主义运动的重新繁荣（1914—1918 年）
　　　　　……………………………………………………… 42

第三章　形成阶段——"日本马克思主义"在日本的初步
　　应用（第一次世界大战后至 1945 年）…………… 43
第一节　第一次世界大战后日本的国内环境…………… 44
第二节　社会主义运动的重新高涨与日本共产党的成
　　立…………………………………………………… 45

第三节 马克思主义理论战线的分裂——日本共产党
内的对立之殇……………………………………49
  3.3.1 "福本主义"和"山川主义"的"左""右"
倾之争……………………………………………49
  3.3.2 《二七年纲领》和《三二年纲领》引发的
派系之争…………………………………………52
第四节 日本共产党为传播马克思主义做出的努力……54
第五节 百家争鸣的马克思主义研究——"日本马克
思主义"初具规模………………………………56
  3.5.1 马列著作的日译本集中问世…………………56
  3.5.2 在论战中形成的日本马克思主义经济学
派…………………………………………………57
  3.5.3 日本的马克思主义哲学的突破………………60
  3.5.4 无产阶级立场的辞典和杂志的热潮…………65

第四章 二战结束前马克思主义在日本传播的理论轨迹及
内在逻辑……………………………………………67
第一节 科学社会主义的最先导入……………………68
  4.1.1 幸德秋水对"科学社会主义"的启蒙………68
  4.1.2 片山潜的"社会主义革命论"………………71
  4.1.3 堺利彦的翻译贡献及《社会主义纲要》……74
第二节 日本马克思主义经济学的主要学派及其思想…76
  4.2.1 "讲座派"对日本资本主义封建残余的剖析
……………………………………………………77
  4.2.2 河上肇马克思主义哲学和马克思主义经
济学的结合………………………………………80
  4.2.3 "劳农派"的理论观点及贡献………………82
  4.2.4 福本和夫对马克思经济学方法论的研究……84
第三节 马克思主义哲学的代表人物及其思想…………85

- 4.3.1 "福本主义"的"向下—向上法" …… 86
- 4.3.2 河上肇对辩证唯物主义和唯物史观的科学把握 …… 91
- 4.3.3 户坂润的"科学观" …… 100
- 4.3.4 永田广志在马克思主义立场下的思想史研究 …… 105
- 4.3.5 "唯物论研究会"的主要研究活动 …… 107
- 第四节 传播理论变化的内在逻辑 …… 109

第五章 二战后马克思主义在日本的新发展 …… 111
- 第一节 二战后的日本资本主义 …… 111
- 第二节 日本的马克思主义研究成为独立的研究流派 …… 113
  - 5.2.1 二战后日本马克思主义经济学的复苏和发展 …… 113
  - 5.2.2 "日本马克思主义"研究的独立 …… 115
- 第三节 日本共产党的"日本式社会主义" …… 118
  - 5.3.1 二战后初期日本共产党的"日本式社会主义"初露端倪 …… 118
  - 5.3.2 日本共产党的"日本式社会主义"的正式提出和深化 …… 119
  - 5.3.3 日本共产党的"日本式社会主义"的指导思想 …… 122

第六章 马克思主义在日本传播的特点及对日本国内的影响 …… 124
- 第一节 马克思主义在日本传播的特点 …… 124
  - 6.1.1 传播主体：知识分子为主，各种力量并重 …… 124
  - 6.1.2 传播领域：研究内容全面，多种学说并存 …… 128

6.1.3　传播途径：理论研究与实践活动并行……… 129
　　　6.1.4　传播的文化基础：术语成型……………… 132
　　　6.1.5　传播路径：波浪式前进，思想交锋激烈… 134
　第二节　二战结束前马克思主义在日本传播对日本国
　　　　　内产生的影响……………………………… 136
　　　6.2.1　有力地支持了日本民众的反专制反帝斗
　　　　　　争…………………………………………… 136
　　　6.2.2　为学术界带来了马克思主义的研究视角… 137
　　　6.2.3　诞生了无产阶级文化，催生了无产阶级文
　　　　　　学流派……………………………………… 137
　　　6.2.4　凸显了日本社会的内在矛盾……………… 139
第七章　马克思主义在日本的传播对中国的深刻影响…… 142
　第一节　中国为何首选从日本吸收马克思主义……… 142
　　　7.1.1　中文吸收欧洲术语的天然局限性………… 142
　　　7.1.2　日本语言和文化的天然优势……………… 144
　　　7.1.3　日本良好的留学环境……………………… 145
　　　7.1.4　中国资产阶级的庇护地和力量蓄积地…… 147
　第二节　日本对中国马克思主义早期传播的积极影响　148
　　　7.2.1　成为主要的马克思主义理论来源国……… 148
　　　7.2.2　深刻影响了中国马克思主义的话语体系… 151
　　　7.2.3　为中国培养了马克思主义的传播力量和
　　　　　　中国共产党的组织基础…………………… 157
　第三节　日本对中国马克思主义早期传播的消极影响　159
　　　7.3.1　日式解读的局限性影响了中国对马克思
　　　　　　主义的理解………………………………… 159
　　　7.3.2　中国难以从日本汲取阶级斗争的经验…… 161
第八章　结　语…………………………………………… 162
参考文献…………………………………………………… 169

第一章 绪 论

第一节 本研究的缘起及意义

明治维新之后,马克思主义最先以社会主义思潮的形式于19世纪七八十年代传入日本,使日本成为传播马克思主义最早的亚洲国家。之后,由近代中国赴日的留学生为代表,将日本本土化了的马克思主义通过翻译书籍和创办报刊的形式,引入中国,开启了马克思主义中国化的先河。可以说,马克思主义在日本的传播,在世界马克思主义传播史上,具有重要地位和特殊意义。研究马克思主义在日本的传播和影响,对于处在建设中国特色社会主义进程中的中国,具有较高学术价值和十分重要的现实意义。

1.1.1 理论意义

有助于更加深入地了解早期马克思主义中国化的理论来源。早期马克思主义中国化的理论来源,并不是原产国德国,而是通过日本、苏俄、法国、美国等国转道而来,这种经过他国语境解读的马克思主义,深深地打上了他国的烙印。日本作为五四运动以前马克思主义中国化的主要来源国,其"日式解读"的马克思主义给中国的马克思主义传播带来了深远的影响。

而深入研究马克思主义在日本的传播和影响，能够更加透彻地理解日本语境下马克思主义的内涵，从而更准确更深刻地把握早期马克思主义中国化的理论来源。

有助于从源头上理解马克思主义基本原理的内涵。20世纪60年代，日本马克思主义研究摆脱了对"苏联模式"的依赖，成为一个独立的研究学派。回到马克思主义经典著作原稿，重视文献积累和文本考证，成为独立后的日本马克思主义研究界的鲜明特征。这对于我国学界深入理解马克思主义基本原理的内涵提供了一个新的路径。研究马克思主义在日本的传播和影响，可以更深刻地理解日本马克思主义学界的这种特征，对于我们从源头上理解马克思主义基本原理的内涵，是一个宝贵的启示。

1.1.2 实践意义

自明治维新后，马克思主义传入日本，已历经百余年。日本共产党自1922年诞生，也已走过100年。但令人惊叹的是，在2014年日本众议院选举中，日本共产党获得了1996年以来的最多席位21席，[①]对于在野党而言，可谓大获全胜。在当今发达资本主义国家中，像日本共产党这样仍能保持一定的社会影响力的左翼政党可谓硕果仅存。这从侧面反映出了百余年来马克思主义在日本传播的辐射力。

"无产阶级只有在世界历史意义上才能存在，就像共产主义——它的事业——只有作为'世界历史性的'存在才能实现一样。"[②]马克思主义在日本的传播史，也是一部日本的共产主义运动史，是世界共产主义运动的重要组成部分。研究世界共

---

① http://www.guancha.cn/Neighbors/2014_12_15_303333.shtml
② 中共中央编译局. 马克思恩格斯选集：第1卷[M]. 北京：人民出版社，2009：539.

产主义运动，不仅要研究社会主义国家的理论和实践，更要研究资本主义国家的马克思主义实践。正如列宁所说："把资本主义所积累的一切最丰富的、从历史的角度讲对于我们是必然需要的全部文化、知识和技术由资本主义的工具变成社会主义的工具。"①马克思主义在日本百余年的传播过程中屡受挫折，却仍能屹立不倒，其中原因值得我们深思。作为社会主义国家，我国正在中国特色社会主义道路上稳步迈进，日本在马克思主义传播道路上的经验与教训，对我国的中国特色社会主义实践有一定的启示作用和现实意义。

第二节 研究现状

日本作为一个东方国家，其对马克思主义的研究视角和应用打上了显著的东方烙印。中日语言文化的相似性，使中国早期的先进知识分子更容易接受日本学者解读过的马克思主义，也使得日本成为十月革命前马克思主义进入中国的主渠道。其后，日本共产党的成立使日本马克思主义的传播成为一种有组织的行为，日本学者在马克思主义研究方面著作颇丰。但纵观我国学术界，对日本马克思主义的研究并不丰富，对于马克思主义在日本的传播的研究更是少之又少。笔者以"日本马克思主义传播"为关键词，通过知网搜索发现，中国学术界至今还没有专门研究马克思主义在日本传播的著作，检索出的相关论文仅有三篇。一篇是赵行大对马克思主义在日本传播的过程和特点做出的概况研究②，但该论文涉及的传播过程局限在日本

---

① 中共中央编译局. 列宁全集：第34卷[M]. 北京：人民出版社，1987：357.
② 赵行大. 马克思主义在日本的传播及其特点[J]. 日本问题研究，1995（2）.

共产党成立之前，主要介绍了日本"社会主义思潮"的早期传播、早期社会主义运动的兴起，以及第一次世界大战（全书简称一战）后马克思主义在日本的广泛传播，对官僚学者、中小地主、资产阶级、传教士在传播中所起的作用予以了肯定，并简要从文本角度阐述了马克思主义在日本的传播对中国的影响，认为日本对马克思主义在中国的传播，起到了桥梁作用。但遗憾的是，对日本共产党成立后马克思主义在日本持续、广泛的传播状况完全未有涉及。另两篇是关于日本的马克思主义哲学在二战结束前的传播与发展的论述[①]，以及关于马克思主义史学在日本的传播与发展的论述[②]，都涉及了某一部分马克思主义理论的传播，但不够全面。前者将重点放在传播的历史进程上，对第二次世界大战（全书简称二战）前传播马克思主义哲学的主要代表人物，如片山潜、幸德秋水、福本和夫等的主要活动进行了梳理，但对马克思主义哲学传播的主要理论未有涉及。后者梳理了马克思主义史学在日本的发展历程，认为日本马克思主义史学产生于从20世纪20年代，并于二战爆发后基本消亡。在二战结束后，远山茂树成为日本马克思主义史学的代表人物，他认为日本马克思主义史学具有4个特点：1. 认为日本社会是按照马克思提出的5种社会形态向前发展的；2. 承认经济基础决定上层建筑，上层建筑对经济基础有反作用；3. 承认人民群众是历史的创造者；4. 具有较强的移植色彩。以相应的日文关键词在专业的日文学术搜索引擎 CiNii 中搜索，相关的著作和论文也是空白的。可以说，系统、详尽的专门针对马克思主义在日本传播的研究，在目前的中日学术界都是一种几近空白的状态。但马克思主义在日本的传播是一个

[①] 贾纯. 马克思主义哲学在战前日本的传播与发展[J]. 社会科学辑刊, 1983 (2).
[②] 张经纬. 马克思主义史学在日本的传播与发展[J]. 史学理论研究, 2007 (2).

综合、庞大的体系，其中涉及马克思主义发展史、日本共产党、无产阶级运动、马克思主义理论研究等多方面内容，这些都是研究马克思主义在日本的传播所不可或缺的。中日学者在相关领域都进行过较为丰富的研究，我们可以从以下四个方面来分析其研究现状并从中把握发展态势。

1.2.1 关于日本对马克思主义在中国早期传播的影响的研究

近十年来，随着马克思主义中国化研究成为"显学"，国内学术界也将马克思主义在中国的早期传播作为研究的热点问题之一，并已取得了一定的研究成果。日本作为亚洲最早研究马克思主义的国家，其重要性自然受到了学者的关注。相当一部分学者在论述马克思主义在中国的早期传播时，从不同角度研究了日本早期马克思主义发展的状况及其对中国的影响。

第一，王刚在专著《马克思主义中国化的起源语境研究》中，第二章从"语境"角度，阐述日本语境下"学理的"马克思主义的含义，并从积极和消极两方面论述了日本"学理的"马克思主义对马克思主义中国化的双重影响，认为"19世纪末20世纪初，马克思主义的文本在很大程度上是取道日本转入中国的，并成为当时中国人接受马克思主义的主要渠道"[①]。而在消极影响方面，王刚认为日本学者对马克思主义经典著作的翻译中存在对马克思主义的曲解，日本社会主义者对马克思主义的解读是日式的，带有封建残余和伦理色彩，这些都在"以日解马"的过程中影响了马克思主义的中国化。

第二，门晓红、王爱云[②]等学者注重对日本早期社会主义思

---

① 王刚. 马克思主义中国化的起源语境研究[M]. 北京：人民出版社, 2011: 53.
② 王爱云. 日本早期社会主义思潮与中国革命[J]. 广东海洋大学学报, 2012 (2).

潮的研究，并探讨其对中国革命的影响。门晓红从思想、组织、实践三个层面论述了日本早期社会主义思潮对中国革命的深远影响，认为"日本早期社会主义思潮为中国共产党的成立奠定了坚实的思想基础"①。门晓红认为日本社会主义思潮在中国的传播推动了中国人接受科学社会主义和转变世界观的进程，进而助推了中国共产党的产生。而王爱云认为梁启超、孙中山、李大钊等人深受日本社会主义思潮的影响，因此这种思潮也有力地影响了辛亥革命，推动了中国共产党的产生和中国第一次大革命。

第三，胡为雄、王奇生等从传播主体的角度，论述了中日不同的群体对中日马克思主义传播的贡献。一方面，胡为雄将重点放在日本学者上，论述了加藤弘之、中江兆民、安部矶雄、幸德秋水、片山潜、山川均、河上肇等学者的马克思主义研究，以及他们对中日早期马克思主义传播的贡献，认为相比日本，德、英、法等西欧国家在马克思主义传入中国的过程中处于次要地位。②另一方面，胡为雄、王奇生将重点放在日本留学生群体上，论述赴日留学生经由日本向中国传播马克思主义的相关情况，肯定了日本作为马克思主义理论中转国和来源地的地位。③胡为雄对日本对马克思主义中国化的贡献予以了高度肯定，认为当时的日本留学生、旅日进步人士、中国早期共产主义者等大多从日本获得马克思主义理论。④

---

① 门晓红. 日本早期社会主义思潮对中国共产党的影响[J]. 马克思主义研究，2011（10）.
② 胡为雄. 马克思主义传入日本再转传中国过程中的日本学者[J]. 中共中央党校学报，2014（4）.
③ 王奇生. 取径东洋，转道入内——留日学生与马克思主义在中国的传播[J]. 中共党史研究，1989（6）.
④ 胡为雄. 赴日留学生与"日本马克思主义"在中国的早期传播[J]. 马克思主义与现实，2015（3）.

第四，毛传清等从对比的角度，比较了苏俄、法国、日本三种渠道对马克思主义中国化的影响，认为"三条渠道对中国先进分子影响的方式是不同的，在各个阶段影响的程度也是不一样的"[①]。对于日本渠道，毛传清认为日本是五四运动前马克思主义传入中国的主渠道。

以上学者在进行马克思主义中国化的研究当中，都肯定了日本作为早期马克思主义传入中国的主渠道的重要地位。不足之处是在论述日本早期马克思主义发展和传播状况时，多停留在按时间线索对相关事件和人物著作的简要阐述上，没有进行较为深入的研究。

1.2.2 关于日本马克思主义发展史的研究

中日学者从不同的着眼点对日本马克思主义的发展史做出了论述，其中比较具有代表性的有以下两种类型。

第一，着眼于日本马克思主义理论的某一部分，按照时间线索和流派阐述其发展史。中国学者的研究主要有二：一是张忠任的《马克思主义经济思想史》，将日本马克思主义经济学的发展史划分为生成期、发展期和创新期，既阐述了生成期的日本马克思主义经济思想经历早期的传播、融合与冲突后，走向成熟与惨遭禁锢；又阐述了二战后马克思主义经济思想的复苏、发展和创新期的新探索，特别是针对日本善于对马克思主义经济理论进行定量分析这一点，详尽论述了迭代转型法、过程转型方法等理论。[②]二是谭晓军的《日本马克思主义经济学派史》，她将重点放在日本马克思主义经济学派上，按照二战结束前、二战后、新时期三个时间段，详尽论述了日本马克思主义各经

---

① 毛传清. 马克思主义传入中国的三条渠道之比较[J]. 武汉交通科技大学学报（社会科学版），2000（4）.

② 张忠任. 马克思主义经济思想史[M]. 北京：东方出版中心，2006.

济学派的形成和发展；而论述的暗线则是马克思主义各经济学派对日本资本主义的研究，不同时期日本资本主义的变化是导致各学派形成、发展、转换的主要原因。谭晓军还特别强调了"马克思主义经济学"和"马克思经济学"的区别，以及关于二战后学派划分的不同观点，如书中采用的"五大学派"①的划分方式及佐藤金三郎的"三派六流+一派"②的划分法③，为学界了解日本马克思主义各经济学派的理论提供了详尽而有条理的研究范本。日本学者的代表作是日本著名的哲学家岩崎允胤的《日本马克思主义哲学史序说》，他按照不同流派梳理了二战结束前日本马克思主义哲学史的发展状况，对福本主义哲学、河上肇与唯物史观、户坂润与科学论、无产阶级艺术论、马克思主义经济学与唯物辩证法、马克思主义历史学与唯物史观、三木清与人学等理论进行了深刻的阐述。④

第二，整体论述日本马克思发展史。主要集中在日本学界，主要学者有两人：一是小山弘健，他在《日本马克思主义史》一书中，将日本马克思主义理论分为两大基本形态，即对日本资本主义的运动规律的研究理论及无产阶级运动的战略战术理论，并按照二战前、二战后两个时间节点，对马克思主义的传入和日本化、日本马克思主义的确立、二战后日本马克思主义的再发展进行了宏观而详尽的论述。⑤其后，他将六卷本的讲座集《日本社会思想史》中关于"日本马克思主义"的部分再编成册，编辑为《日本马克思主义史概说》一书。在书中，小山弘健将马克思主义在日本的传播过程明确划分为了"移植"阶

---

① 五大学派：讲座派、劳农派、宇野派、市民社会派、数理马克思经济学派。
② 即"正统派、市民社会派、宇野派"×"逻辑·历史学说、逻辑学说"+"模型柏拉图派"。
③ 谭晓军. 日本马克思主义经济学派史[M]. 北京：中国社会科学出版社，2012.
④ 岩崎允胤. 日本マルクス主義哲学史序説[M]. 東京：未来社，1971.
⑤ 小山弘健. 日本マルクス主義史[M]. 東京：青木書店，1956.

段和"应用"阶段，相比《日本马克思主义史》采用的时间顺序，这种划分方式更加明晰。因此，此书中，小山弘健主要以日本马克思主义的不同流派的不同学说作为划分依据，论述了马克思主义如何"移植到"日本及如何"日本化"的过程，并分析了日本马克思主义的基本派别的不同内容及特点，尤其对"斯大林批判"后的日本马克思主义进行了详尽论述，为之后的学者研究日本"独立的马克思主义"提供了资料和范例。①二是守屋典郎，在《日本马克思主义的历史与反省》中，以日本马克思主义理论为对象，有重点地论述了其深化和发展的过程。他没有将日本马克思主义的启蒙期（即明治维新后）作为起点，而是将起点设置到日本马克思主义研究的黎明期（即一战后），并结合马克思主义哲学及方法论研究、马克思主义经济学、马克思主义人类解放理论等理论重点，较完整地展现了日本马克思主义发展的整体面貌。②

以上学者的研究都有所侧重地、较为清晰地呈现了日本马克思主义理论的发展脉络。不足之处是我国学术界目前还没有对日本马克思主义发展史整体的梳理和论述，而根据 CiNii 的检索显示，在小山弘健和守屋典郎之后，基本没有学者再对有关马克思主义发展史的课题进行研究了。由于所处年代局限，两人对 20 世纪 90 年代后日本马克思主义发展史都没有涉及。

1.2.3 关于日本社会主义运动和日本共产党的研究

在二战结束前，日本的社会主义运动进行得如火如荼。因此，日本关于社会主义运动的研究较为丰富。以"日本社会主義"为关键词，在日本著名的学术搜索引擎 CiNii 中搜索。日

---

① 小山弘健. 日本マルクス主義史概説[M]. 東京：芳賀書店，1970.
② 守屋典郎. 日本マルクス主義の歴史と反省[M]. 東京：合同出版，1980.

本早期的社会主义者就曾对日本的社会主义运动有过深刻的研究，如向坂逸郎的《日本社会主義運動史》①、堺利彦的《日本社会主義運動史》②、荒畑寒村的《日本社会主義運動史》③等，他们作为日本社会主义运动的亲身参与者，其作品贵在其真实性。荒畑寒村更是作为监修，主编了《明治社会主义资料丛书》，共分为《予如何成为社会主义者》《社会主义协会史》《社会主义游说日记》《〈平民文库〉著作集上卷》《〈平民文库〉著作集中卷》《〈平民文库〉著作集下卷》《〈平民新闻〉及〈直言〉英文栏对译》7卷，为后世研究明治时期社会主义运动提供了宝贵的文献资料。二战后，以森正藏④、丝屋寿雄⑤、木原实⑥为代表的学者，都对日本的社会主义运动史进行过梳理性研究。遗憾的是，到了20世纪90年代之后，关于日本社会主义运动研究的著作就寥寥无几了。

而中国学者关于日本社会主义运动的研究基本上是根据日本学者的著作翻译、整合而成的，如方昌杰的《日本社会主义思想史》⑦，对二战结束前日本的社会主义运动进行了较为详尽的梳理。

日本共产党是马克思主义在日本传播过程中一个里程碑式的存在，因此，要研究日本马克思主义，对日本共产党的研究是不可或缺的。我国学界对日本共产党的研究是逐步发展起来的，近年来有升温的趋势。

在20世纪90年代之前，我国学界对日本共产党的研究大

---

① 向坂逸郎. 日本社会主義運動史[M]. 東京：室町書房，1955.
② 堺利彦. 日本社会主義運動史[M]. 東京：河出書房，1954.
③ 荒畑寒村. 日本社会主義運動史[M]. 東京：每日新聞社，1948.
④ 森正藏. 風雪の碑：人物・日本社会主義運動史[M]. 東京：鳟書房，1971.
⑤ **丝**屋寿雄. 日本社会主義運動思想史[M]. 東京：法政大学出版局，1979.
⑥ 木原实. 日本社会主義運動史[M]. 東京：劳大新書，1977.
⑦ 方昌杰. 日本社会主义思想史[J]. 东方哲学研究，1979（1）.

多集中于对日共文件的翻译和推介,为之后进一步的研究打下了良好基础。如人民出版社编译出版的《日本共产党第八届中央委员会历次全体会议主要文件》[①]和《日本共产党六十年》[②]等。

进入20世纪90年代后,尤其是中共和日共恢复关系后,对日本共产党的研究逐渐增多,内容主要涉及日本共产党的外交政策、纲领路线的变化、未来走向[③]等。同时,出版了一些介绍日本共产党一般情况的书籍,如《发达资本主义国家共产党的历史与现状》[④]《冷战后的世界共产党》[⑤]《社会主义向何处去——冷战后世界社会主义运动大扫描》[⑥]等。特别是近十年来,对日本共产党"日本式社会主义"的研究逐渐成为一些学者的关注点,并陆续推出了一些有关其理论与实践的著作。如曹天禄的《日本共产党的"日本式社会主义"理论与实践》,该书提出了"日本式社会主义"的概念,认为日本共产党的"日本式社会主义"是"日共在独立自主的基础上,依据科学社会主义,结合日本实际,探索具有日本特色的社会主义运动、思想理论和制度的集合"[⑦]。在梳理日本共产党自成立到21世纪的理论和实践活动的基础上,针对日本共产党的"日本式社会主义",他得出了以下结论:①日本共产党的革命方式已定位在"人民

[①] 日本共产党第八届中央委员会历次全体会议主要文件[M]. 北京:人民出版社,1966.

[②] 日本共产党中央委员会. 日本共产党的六十年(1922—1982年)[M]. 段元培,等译. 北京:人民出版社,1986.

[③] 鱼小辉. 90年代中期以来的日共发展动向[J]. 理论学刊,2001(1).

[④] 帅能应. 发达资本主义国家共产党的历史与现状[M]. 北京:中国人民大学出版社,1990.

[⑤] 王坚红. 冷战后的世界共产党[M]. 北京:中央党史出版社,1996.

[⑥] 萧枫. 社会主义向何处去——冷战后世界社会主义运动大扫描[M]. 北京:当代世界出版社,1999.

[⑦] 曹天禄. 日本共产党的"日本式社会主义"理论与实践[M]. 北京:中国社会科学出版社,2004:298.

议会主义"这一和平的革命手段上。②"日本式社会主义"的理论模式，主要是政治上的"工人阶级政权论"、经济上的"市场经济社会主义论"、意识形态上的"国家哲学论"和国际政策上的"独立自主论"。③统一战线是党内统一战线和党外统一战线的统一。④日本共产党对于工人阶级的重新定位反映了马克思主义与时俱进的根本要求。

日本对日本共产党的研究成果相对较多。日本共产党自身就十分重视理论建设，把握一切时机推介日本共产党的纲领路线。日本共产党中央委员会定期将日共的发展史总结成册，推出了《日本共产党的××年》系列，现今已出版到《日本共产党的八十年》①，较为完整地梳理归纳了日本共产党的发展历程和纲领路线的变化，不仅向公众宣传了日本共产党，也为学者进行相关研究提供了资料。日本共产党的数位领导人本身也是理论学者，仅不破哲三、志位和夫就出版了数十本有关日本共产党的著作。但不足之处是，由于宣传的需要，这些论著往往带有论者个人的主观性。党外人士中对日本共产党研究较有名的著作有立花隆的《日本共产党的研究》②，但由于意识形态的不同，他对日本共产党是一种敌对的态度。这就使得对日本共产党的客观研究显得尤为重要。

1.2.4 关于独立后的"日本马克思主义"的研究

日本是亚洲最早研究马克思主义的国家，并且在二战结束前已经达到了一定的水平。不过日本长期以来受苏联影响，在进行马克思主义研究时往往带有教条主义色彩。直到 20 世纪 60 年代，"日本马克思主义"成为一个独立的研究学派。日本

---

① 日本共産党中央委員会. 日本共産党の八十年[M]. 東京：日本共産党中央委員会出版局，2003.

② 立花隆. 日本共産党の研究[M]. 東京：講談社，1978.

的马克思主义研究者开始回到马克思的原稿,"按照马克思的本来面貌去重构马克思主义",①在文献学研究和文本解读方面取得了令人瞩目的成就。比较有代表性的学者和成果有:梯明秀对物质的哲学概念及社会起源上的唯物主义解释,从而形成了用唯物辩证法来解释社会的"梯哲学";大冢久雄将马克思的经济学和韦伯的经济学结合,而创造了"大冢史学"的研究方法;山之内靖进行早期马克思解读,尤其是对费尔巴哈的重新发掘;内田义彦对市民社会理论的研究,开创了马克思主义经典解读与日本自身问题意识融合的市民社会派马克思主义;望月清司进行马克思历史理论的研究,并提出了"马克思的历史理论"的范畴;还有,广松涉从"异化论到物象化论"的"广松哲学"等。并且,日本马克思主义学界非常重视参与 MEGA2(《马克思恩格斯全集》历史考证版第二版)的编辑出版工作,并于 20 世纪末获得了 MEGA2 第 2 部门的编辑权,共有 30 多名专家参加了编辑工作。比较有代表性的学者有大村泉、涩谷正、平子友长等。

当代"日本马克思主义"的特性和取得的成绩逐渐受到了我国学界的重视。不过由于起步较晚,目前还主要停留在对"日本马克思主义"文献学研究成果的译介阶段。其中比较有影响力的有南京大学"中日文化研究中心"翻译出版的"广松涉哲学系列"、韩立新领衔翻译出版的"马克思主义译丛"等,为我国学界开阔马克思主义的研究视野和思路提供了宝贵的资料,也令笔者得以窥见马克思主义在当代日本传播的一个新的表现。尤其是以韩立新领衔的南京大学研究团队,对"日本马克思主义"的研究近年来日益系统和细化,为学界增添了新的研究方向。

不过,对于"日本马克思主义"的学术定位,学界内还没有统一的结论。以韩立新为代表的学者将"日本马克思主义"

---

① 韩立新."日本马克思主义":一个新的学术范畴[J]. 学术月刊,2009(9).

作为一个独立的马克思主义流派,定位在 20 世纪 60 年代之后。而张一兵则认为"日本马克思主义"的范畴过于宽泛,应将 20 世纪 60 年代之后日本新兴的马克思主义流派称为"日本新马克思主义"。另一部分学者直接否定了韩立新的这一学术定位,认为"日本马克思主义"应该从 20 世纪初算起,因为以幸德秋水为代表的马克思主义者在 20 世纪初已经在日本传播马克思主义了。因此,对于"日本马克思主义"的学术定位,学界内目前对此莫衷一是。

在本书中,笔者也使用了"日本马克思主义"这一术语,但笔者并非将其作为一个学术范畴或学术概念加以探讨,而是沿用了日本马克思主义学界的通用说法,日语原文为"日本マルクス主義"或"日本のマルクス主義",即"日本的马克思主义"或"日本式的马克思主义"。

综上,专门研究马克思主义在日本的传播,尤其是二战结束前的传播的著作和长篇论文基本没有。因此,笔者主要从上述 4 个方面的先行研究出发,从散乱的研究成果中梳理出二战结束前马克思主义在日本的传播过程、传播内容、传播特点和传播影响。

第三节　研究方法、思路、创新点和不足

1.3.1　研究方法

第一,文本分析法。马克思主义在日本的传播不是一个空洞的概念,要探究它真实的面貌,必须从第一手的文本中寻找答案。本书试图从不同历史时期的日文原著入手,深入挖掘其中涉及马克思主义在日本的传播的内容,并加以归纳整理,除

了梳理出一条清晰的传播进程线,还要在庞杂散乱的历史线索中争取获得理论的提升。

第二,史论结合法。本书采用理论与历史相结合的方法,将各时期日本马克思主义的理论内容与当时的历史现实结合起来,揭示出日本马克思主义的理论内核与现实之间的内在一致性。在论述马克思主义在日本传播的历史进程时,主要采用"史"为主、"论"为辅的方法,在阐述马克思主义在日本传播的基本内容时,则采取"论"为主、兼顾"史"的方法。通过采用这种史论结合的方法,使得研究思路更加明晰,在研究中力求实现逻辑与历史的统一。

第三,传播模式分析法。本书在论述马克思主义在日本的传播时,注重结合传播学上常用的"7W"模式:who(谁传播)、says what(传播什么)、through which channel(通过什么渠道传播)、to whom(对谁)、with what effect(取得什么效果)、what environment(传播环境)和 what aim(传播目的)。本书将这种模式糅合在整体框架中,试图对传播背景、传播内容、传播主体、传播影响等方面进行解析。

1.3.2 思路

本书研究的是马克思主义在日本的传播及其影响。本书主要结构包括绪论、主体、结语、参考文献四部分。第一章绪论主要是对研究意义、国内外学术界相关研究的梳理。主体部分分为六章:

第二章为移植阶段——马克思主义在日本的早期传播(明治维新后至一战结束)。本章是全文的重点,主要以明治维新、一战等几个重要时间节点为划分点和划分依据,简要梳理了马克思主义在日本的早期传播,并在按照历史明线梳理的同时,穿插传播背景和各时期传播的标志性特征,试图整体还原马思主义在日本传播的面貌。

第三章为形成阶段——"日本马克思主义"在日本的初步应用（一战后至1945年）。本章是全文的重点，主要以日本共产党成立、二战等几个重要时间节点为划分点和划分依据，简要梳理了"日本马克思主义"在日本的形成过程。

第四章为二战结束前马克思主义在日本传播的理论的内在逻辑。本章是全文的重点和难点，主要按照科学社会主义、马克思主义经济学、马克思主义哲学的分类论述了马克思主义在日本传播的主要理论内容，注重结合"日本马克思主义"①的发展史，使之更具条理性。内容主要涉及日本早期社会主义思潮、山川主义、福本主义、讲座派、劳农派等"日本马克思主义"主要流派的学说和代表人物，所涉及的内容庞杂、人数众多，加之理论内容晦涩难懂，是本书写作难度最大的一章。

第五章为二战后马克思主义在日本的新发展。本章主要论述二战后日本马克思主义在马克思主义经济学、哲学理论研究、文献学等方面取得的新发展，并阐述日本共产党的"日本式社会主义"。

第六章为马克思主义在日本传播的特点及国内影响。本章也是全文的重点，主要从传播主体、传播内容、传播途径、传播的文化基础等方面说明马克思主义在日本传播的特点，尤其是立足于传播中的思想对立，论述了知识分子、左翼政党、工人队伍、农民等主体在马克思主义传播过程中所发挥的不同作用，以及马克思主义在日本传播过程中思想的激烈碰撞。在论述的过程中，注重结合日本共产党与工农联盟的关系，试图说明日本共产党与群众的关系。并且，本章试图从反帝反封建斗

---

① 这里的"日本马克思主义"不同于韩立新所提的作为一个独立的马克思主义流派的"日本马克思主义"，而是沿用了日本马克思主义学界的通用说法，日语原文为"日本マルクス主義"或"日本のマルクス主義"，即"日本式的马克思主义"之意。

争、学术影响、文化领域、社会矛盾等方面说明马克思主义在日本的传播对中国国内的影响。

第七章为马克思主义在日传播对中国的深刻影响。本章主要论述马克思主义在日本的传播带给中国的影响,并对"日本渠道"对中国早期马克思主义中国化的贡献做出阐释,并对其产生的消极影响做出分析。

第八章结语对日本和中国马克思主义传播的不同结果进行思考。

1.3.3 创新点

首先,研究内容创新。目前学术界对马克思主义在日本传播的研究可谓凤毛麟角,仅能从相关的马克思主义著作中窥见一些凌散的内容。本书通过对相关资料的整合、提炼,从宏观和微观角度对二战结束前马克思主义在日本的传播加以阐释,从一定程度上填补了学术的空白。

其次,方法创新。本书从发展史和文本的角度,结合传播模式分析法系统研究二战结束前马克思主义在日本的传播。本书从具体的文本出发,结合具体的历史活动,并糅合传播模式的各个方面,描绘了马克思主义的传播轨迹。

1.3.4 研究不足

研究马克思主义在日本的传播是一个庞大、浩瀚的工程,涉及人物众多,历史线索纷繁复杂,如何做到去粗取精、去伪存真,对于理论基础尚显薄弱、学术研究能力有限的笔者而言是一个不小的挑战。加之笔者依据的文本大都出自日文原著,阅读、翻译及提炼都是不小的工作量。如何在有限的时间内,深入理解马克思主义在日本传播的内涵,并获得理论的升华,是今后研究的主要方向。

第二章　移植阶段——马克思主义在日本的早期传播（明治维新后至第一次世界大战结束）

明治维新后到一战之前，日本基本上处于马克思主义的引进、消化时期，以翻译、介绍为主。而且，马克思主义并非被单独引进的，最初它作为一种社会主义思想，混杂在其他社会主义思想中被引入日本。甲午战争后，在工人运动的推动下，日本出现了社会主义思潮，但马克思主义并没有成为这一思潮中的主流思想，工人运动也没有得到马克思主义的指导。因此，在相当长的一段时间内，马克思主义都处在与空想社会主义、基督教社会主义、无政府主义的竞争中。早期的日本社会主义者还经常出现"马克思主义与改良主义、无政府工团主义的可笑的混同"[①]。日本的社会主义者第一次接近马克思主义的科学社会主义，始于幸德秋水的《社会主义神髓》和片山潜的《我的社会主义》，这标志着马克思主义在日本真正传播起来。但马克思主义的早期传播在天皇政府的镇压下，在"大逆事件"后，伴随着社会主义思潮的衰落进入了"寒冬"。

[①] 片山潜. 关于马克思主义在日本的诞生和发展问题[J]. 前卫，1959（5、6）.

第一节 传播的时间节点的划分依据

2.1.1 将明治维新作为传播起点的依据

明治维新从根本上改变了日本的社会性质和历史进程。在明治维新之前，日本是一个面对世界资本主义的"开港"要求，处在沦为殖民地、半殖民地的危险境地的封建制国家。如何克服封建体制下的各种矛盾、保持民族的独立性是日本迫切需要解决的问题。面对欧美资本主义国家的冲击，德川幕府被迫改变了闭关锁国的政策，与外国开始交往。但随着港口的开放，外国商品大量涌入，日本的小商品经济开始崩溃。日本以生丝、茶为主的出口贸易又使得农村的经济结构出现激变，人民生活日趋贫困，农民武装暴动频发。这些社会矛盾证明日本的封建体制已经严重阻碍了生产力的发展。在这种社会局面下，日本从19世纪60年代至90年代开始明治维新，首先确立了以天皇为中心的集权政府，并自上而下推行发展资本主义的一系列政策，使日本从封建社会转变为资本主义社会，为日本进行工业革命、解放生产力开辟了道路。因此，明治维新是日本近代化的起点，为马克思主义的传入提供了适合的社会形态。以明治维新为起点，可以更完整地反映马克思主义传入日本的历史进程，更全面地反映马克思主义在日本传播的思想变化，从而更客观地还原马克思主义在日本传播的全貌。

2.1.2 以第一次世界大战为划分点的依据

其一，传播内容不同。在第一次世界大战之前，马克思主义在日本的传播与日本早期社会主义思潮交汇在一起。此时的日本处于完成了工业革命、确立了机器大生产的自由资本主义阶段，资本家对工人的压迫是极端简单和粗暴的，很容易引发工人的自发斗争。同时，19世纪70年代末，日本资产阶级掀起了要求自由民主的"自由民权运动"。无产阶级要求改善生活境遇，资产阶级要求民主和政治权利，这两方的要求都可以在社会主义思想中寻找到答案。因此，日本的社会主义者从吸收西欧的社会主义思想开始，逐步靠近了马克思主义的科学社会主义。《社会主义神髓》《我的社会主义》《社会主义纲要》代表了日本当时社会主义研究的高峰。受马克思主义文本传入的局限和日本社会主义者认知水平的限制，加之社会主义者领导社会主义运动的需要，当时首先传播的是马克思主义的科学社会主义思想，对一些政治经济学内容也有涉及，但总体而言不够深入。而在第一次世界大战后，受俄国十月革命的影响，日本共产党成立，受新的革命形势和政治要求的影响，日本学人对马克思主义的传播已不再满足于科学社会主义，而扩展到马克思主义经济学和马克思主义哲学，形成了两大马克思主义经济学派，在马克思主义哲学上也获得了突破性进展，与第一次世界大战前相比，传播内容有了明显的扩展和深化。

其二，世界局势和日本的社会环境发生了根本变化，马克思主义在日本的传播进入了新阶段。马克思恩格斯曾在《德意志意识形态》《共产党宣言》等著作中提出过世界历史理论。理论指出，随着资本主义向全世界扩张，无产阶级和资产阶级的矛盾也扩展到全世界。由于有共同的利益和奋斗目标，各国无产阶级之间的联系和相互支持日益增强，他们的革命运动不仅具有世界历史的意义，而且还为无产阶级的解放创造了新的历史条件。第一次世界大战后，新的无产阶级革命和解放的新局势印证了这一理论。在第一次世界大战期间，俄国发生了十月革命，标志着科学社会主义由理论变为现实，对世界各国被压迫人民的解放事业是极大的鼓舞。原本单一国家的革命运动，突破了民族、地域的局限，具有了世界历史的意义。正如列宁所说："苏维埃运动已发展成为真正的国际运动。"①因此，日本也被席卷进这一世界性的革命运动中。在第三国际的指导下，日本共产党成立，并与工会组织和农民组织发生联系，革命的范围和规模较第一次世界大战之前都有了较大程度的提升。马克思主义也摆脱早期作为一种社会主义思想从属于社会主义思潮而进行传播的地位，转变成为一种独立的理论而进行传播。

其三，传播的形式和功用发生根本转变。在第一次世界大战之前，马克思主义主要作为一种社会主义思想而被日本社会主义者采用，目的是实现自己的民主权利和政治理想，采取的传播形式主要是以翻译、介绍马克思主义著作为主，并没有将马克思主义与日本的实际结合起来，可以说这是马克思主义在日本传播的启蒙时期。而在第一次世界大战之后，尤其是十月革命使日本社会主义者看到了马克思主义在指导实践中所发挥的巨大作用。许多社会主义者转变为了马克思主义者，他们不再满足于单纯地引进马克思主义，而试图将马克思主义与日本实际相结合，分析日本资本主义的经济结构和政治结构，试图以马克思主义指导社会主义运动实践。因此，这是马克思主义逐渐"日本化"的时期。

第二节　马克思主义在日本早期传播的历史背景

日本通过明治维新，迈出了从封建国家向近代资本主义国家转换的第一步。1868 年德川幕府体制崩溃，天皇重新获得政

---

① 中共中央编译局. 列宁选集[M]. 北京：人民出版社，1995: 790.

权,在之后 20 余年的时间内,通过在政治、经济、文化、社会等方面推行一系列大刀阔斧的改革,使得日本快速过渡到资本主义,也进一步确立并巩固了天皇专制政府的权威。但这一切的获得并没有摆脱资本主义原始积累的残酷性,它是建立在侵略亚洲其他国家和压迫本国国民的基础上的。

2.2.1 政治背景

政治上,日本通过立法确立了天皇专制政权,对外侵略中国、朝鲜等亚洲国家,并与俄国进行帝国主义战争,给本国国民带来沉重负担,激起了"反战"运动,为之后的社会主义运动与群众运动相结合提供了契机。1889 年,日本颁布《大日本帝国宪法》,规定天皇拥有至高无上的权力,日本正式迈进天皇专制统治下的近代国家体制。为了获得资本和资源,日本于 1894 年发动中日甲午战争,获得了辽东半岛、台湾、澎湖列岛的统治权,并获得相当于 36000 万日元的巨额战争赔款。这给日本的工业发展注入了大笔资金,但日本优先将资金投向了军事工业,使得日本急速向帝国主义国家转化。1904 年,日本为了争夺在中国东北和朝鲜的统治权,与俄国进行了帝国主义战争——日俄战争,日本大胜。但在"举国一致的圣战""爱国主义"的口号下,广大工人、农民为战争背负了沉重的负担,伴随战争而来的物资贫乏、劳动强度过大等问题,使得国民对政府的不满加深,反战情绪日益强烈,这种情绪终于在日俄战争结束时达到顶点。1905 年,日本国民借"反对屈辱讲和国民大会"召开之机,举行大规模反战游行,规模遍及东京、横滨、大阪、名古屋等地。这为日本第一批社会主义者以"反战"之名发动群众进行社会主义运动提供了契机,使得社会主义运动与群众自发运动找到了契合点。

2.2.2 经济背景

农业上,日本政府通过推行土地改革,使得小农经济崩溃,土地日趋集中,大量无土地的农民沦为靠出卖劳动为生的劳动者,他们成为日本无产阶级的重要来源。1873 年,日本政府开始推行以地租改革为中心的财政政策,增加地租、税收,农民负担沉重。政府对全国的田地、住宅用地、山林建立新地价,并以新地价的3%作为地租向中央缴纳,地主和农民各承担 5 成左右,①变相增加了农民负担。并且,在保护地主利益的前提下推行土地改革,造成土地兼并集中,贫农难以获得土地,沦为依附于地主阶级的佃农,这部分人成为潜在的靠出卖劳动为生的无产阶级。加之农业被商品经济的浪潮席卷,农村中商人和高利贷者活动频繁,导致小农经济没落,大量失去土地的过剩人口一部分沦为佃农,一部分涌向城市,成为靠出卖劳动力补贴家用的产业工人。

工业上,日本政府推行"殖产兴业"政策,确立了资本主义的基本形态。明治维新后,为了富国强兵,日本政府优先发展军事工业,造成官营特权资本下的军事工业与零星的工场手工业并存的状态。中日甲午战争之后,因为战争赔款大规模注入,日本工厂数量迅速增加,工人数量总体上也呈上升态势(如表 2-1),特别是纺织业和钢铁工业发展迅速。

表 2-1 工厂工人数量变化表

年份	工厂工人数量
1870 年	346976
1894 年	381390
1896 年	441616
1897 年	439549

资料来源:1902 年日本农商务省公布的《工厂调查要领》

---

① 丝屋寿雄. 日本社会主義運動思想史I[M]. 東京:法政大学出版局,1982:6.

但由于日本政府的发展重点仍然在军事上，造成日本当时的工业结构单一，发展不均衡，工场手工业普遍规模较小。因此，日本资本家无法利用机器大生产来提高劳动率。为了完成资本的原始积累，资本家依赖延长劳动时间、提高劳动强度等手段，残酷压榨、剥削工人来攫取利润，激起了他们的反抗，为日本无产阶级的产生和壮大提供了阶级基础。截至1898年，日本的工厂总数为6551个，雇佣工人500人以上的工厂仅有104个，而纺织工厂就占了62个，金属冶炼工厂占了16个。[①]纺织业成为当时日本除军事工业之外的工场手工业的主导。纺织工业的产业特性决定了其65%以上[②]的工人为女工和14岁以下的童工，他们的劳动环境极其恶劣，工资极低[③]。残酷的剥削激起了工人的反抗，从捣毁厂房、机器开始，发展为罢工。1886年，山梨县纺织女工以提高工资为要求，举行了罢工，并取得了胜利。甲府市、两宫市缫丝厂女工因反对延长劳动时间，举行了罢工。另外，与军事工业相关的产业工人，尤以矿工遭受的压迫尤为严重。其中，最受社会瞩目的是高岛煤矿虐待矿工事件，原本官营资本控制下的高岛煤矿由财阀三菱商会接管，矿工在纳屋制度[④]下成为包身工，被迫从事奴隶般的严酷劳动，不堪忍受压迫的矿工分别于1872年、1879年、1888年发动了三次暴动。其遭遇被《福冈日报》报道后，三宅熊二郎在其主导下的政教社机关报《日本人》上发文，如实描述了矿工的悲惨遭遇，并发出了"欲将三千奴隶至于何处？""舆论为何漠视

----

① 木原实. 日本社会主義運動史[M]. 東京：劳大新書，1977: 18.
② 数字来源于1903年刊《職工事情》。
③ 据横山源之助《日本下层社会》一书记载，每月工资约为3.90日元（1897年）。
④ 纳屋制度是当时三菱商会推行的一种残酷压榨矿工的制度。资本家在高岛、长崎等地建立"纳屋"，各纳屋设纳屋头，依靠各地的赌徒等人，以诱拐等手段欺骗矿工进入矿场劳动，其矿场大多位于海底，夏季气温可达38~49℃，矿工被迫在纳屋头棍棒的监视下，无休假地劳作，场景犹如地狱。

高岛煤矿的惨状？"①的疑问，一时间舆论大哗。在舆论的压力下，日本政府被迫改善了当地矿工的待遇，但这一事件反映出资本主义发展初期，资本家与工人之间的突出矛盾。甲午中日战争后，这种矛盾日益尖锐，各种工人罢工层出不穷。据日本官方统计，仅 1898 年就发生罢工 43 次。②这些斗争都带有自发性，但是工人在斗争中得到历练，逐渐形成了组织，为之后社会主义运动的开展奠定了良好的基础。

2.2.3 思想文化背景

思想文化上，明治维新后，日本推行"文明开化"政策，交通和新闻事业也随之迅速发展起来，为马克思主义思想的传入提供了人文环境和传播手段的支持。在"文明开化"政策的推动下，日本大力学习西方文明和生活习惯，试图在思想和行为上全面"脱亚入欧"。积极引进西方的科技、人文成果，派遣相关人员赴海外学习，并废除封建教育制度，仿照西方建立资本主义教育制度，这种人文环境有利于马克思主义思想的传入。而"文明开化"的另一成果——交通和新闻事业的发展为马克思主义思想的传播提供了载体。1872 年至 1880 年，东京至横滨、大阪至神户、京都至大阪、京都至大津的铁路全线开通。至 1890 年，已共有铁路 2349 公里，年客运量达到 2577 万人次，普通信函的邮递量也激增至 22200 万件。新闻情报网开始扩大，新闻事业迅速发展。1890 年，东京、大阪、京都报社已达 228 家，全国已达 716 家。③正如福泽谕吉所言："蒸汽船车、电信、印刷、邮政四者为西欧 19 世纪 80 年代的发明成果，是

---

① 大原慧等. 日本社会主义文献解说[M]. 東京：大月書店，1958: 20.
② 吕万和. 简明日本近代史[M]. 天津：天津人民出版社，1984: 187.
③ 升味准之辅. 日本政治史[M]. 董果良，等译. 北京：商务印书馆，1997: 155.

推动人心变化的利器。"①交通和传媒的进步,使马克思主义思想的传播速度大大加快了。

第三节　社会主义思想的初始传入
（1868—1893 年）

这个时期,还不能被视为马克思主义真正传入的阶段。此时,共产主义、社会主义等概念陆续传入日本,但停留在对各种学派学说的笼统介绍上。而且,最初引进社会主义的学者,大都以批判的角度看待社会主义,以其论证自身信仰学说的正确性。即使自由民权运动者对西欧社会主义持肯定态度,他们也只是将其混淆为一种民主主义加以宣传,并不能理解其内涵,更多的是为西欧社会主义所描绘的美好图景所吸引,尚未触及科学社会主义的范畴。但是,社会主义等概念的传入,为之后马克思主义真正进入日本做了思想上的准备。

2.3.1　"明六社"思想家的启蒙

日本学者最初引入社会主义思想的目的并不是学习,而是对其进行批判。以加藤弘之、西周为首的"明六社"启蒙思想家最先从欧美国家引入了社会主义概念。1870 年,加藤弘之在《真政大意》中首次使用"socialisme"和"communisme"两个概念,并将其分别音译为"ソシアリスメ"和"コムミュニスメ"。他是以批判态度引入了这两个概念,并认为其"对于社会治安,最为有害"②。西周也在其撰写的讲义《百学连环》中,

---

① 福沢諭吉. 福沢諭吉全集第五巻[M]. 東京:岩波書店,1958:30.
② 丝屋寿雄. 日本社会主義運動思想史I[M]. 東京:法政大学出版局,1982:10.

将"socialism"称为"会社之说",将"communism"称为"通有之说",并阐述了这两种制度的"不可采用之处"①。之后的1878年6月,福地源一郎在《东京日日新闻》发表《邪说之危害》,在文中首次使用了和制汉语词"社会主義"②,文中从社会危害的角度对社会党进行了激烈的批判,并认为社会主义是不可能实行的。1881年4月,小崎弘道于《六合杂志》发表《论近世社会党的原因》,认为社会主义是"社会的病症"③,身为牧师的他主张用宗教感化人民,以防社会主义对人民信仰的侵蚀。

当社会主义从西方初次登陆日本时,社会主义在西方时时面临着镇压,各种镇压社会主义团体的报道常见诸日本报端。从日本的上层到尚不知社会主义为何物的普通民众,皆认为社会主义为非法。在文章中引入、提及社会主义的学者也多半具有官方背景,他们撰写文章的主要目的是维护日本的资本主义制度,抵制社会主义进入日本。因此,社会主义是在一片反对声中进入日本的,明治初期也几乎没有有关社会主义的书籍。

2.3.2 "自由民权运动"与西欧社会主义

天皇的专制统治,极大地压制了人民的民主要求,逐渐激起民众的不满。1874年,以板垣退助、江腾新平等为首的大臣向政府递交了给予有功士族、富农、富商选举权,修正独裁统治的《民选议院建立建议书》,拉开了"自由民权运动"的序幕。此后,要求民主改革的运动从中小地主阶级和资产阶级扩展到普通民众,以"自由主权"为旗帜,要求自由、民主的政党在各地纷纷建立,一场声势浩大的"自由民权运动"在整个日本

---

① 丝屋寿雄. 日本社会主義運動思想史I[M]. 東京: 法政大学出版局, 1982: 10.
② 高放, 等. 社会主义思想史[M]. 北京: 中国人民大学出版社, 1987: 3.
③ 张陟遥. 播火者的使命[M]. 北京: 社会科学文献出版社, 2013: 21.

开展起来。

在运动中，一些介绍西方政治制度的书籍被翻译出版，社会主义也作为一种民主制度被介绍进来。樽井藤吉的《东洋虚无党》、西河通彻翻译的《俄国虚无党事情》、原田潜的《自由提纲财产平均论》、中江兆民的《政理丛谈》等，都对当时社会主义在日本的传播做出了贡献。其中最有影响的是中江兆民主办的刊物《政理严谈》，除刊登《人权宣言》《独立宣言》《契约论》的日译之外，还刊登了百余篇关于欧美政治变革和政治制度的文章，如《法兰西大革命的原因》《革命社会论》《北美联邦独立之告示》等。尤其是酒井熊三郎的《欧洲通讯》等数篇有关社会党、西欧社会主义的论述较为引人注目，不过作者是将社会主义作为一种自由平等主义来宣传，并将资产阶级民主主义与社会主义混为一谈，并不能理解社会主义的真正内涵。1893年，东京民友社出版的"平民丛书"第六卷《现时之社会主义》，对西方社会主义的各个流派和欧美社会主义政党所主张的社会主义方针进行了系统的阐述。该书第四章讲述"新社会主义的繁荣"，其中较长的一段是讲卡尔·马克思的《资本论》。此书的出现，标志着日本首次出现了较为系统地介绍社会主义的著作，社会主义由最初的遇冷开始走上初步传播的道路。

虽然"自由民权运动"是由资产阶级和开明地主阶级自上而下发起的、有民众参与的资产阶级民主运动，但资产阶级在宣传资产阶级民主思想的同时，也将西欧社会主义同时引入进来，客观上起到了宣传社会主义的效果。这也为之后，一部分"自由民权运动"者转变为社会主义者奠定了思想基础。

2.3.3 美国传教士与社会主义

在将社会主义引入日本的过程中，传教士这个特殊群体的贡献是不可忽略的。勒耐德（W. Learned）就是其中彪炳史册的一位。1875年11月，勒耐德作为传教士从美国来到日本，翌年就任同志社大学教授。他在根据其讲义编辑而成的《经济新论》和《经济学原理》中，对社会主义和共产主义进行了较为详细的分析和介绍。《经济新论》和《经济学原理》是不仅涉及经济学，而且还涉及政治学的论著。在书中，勒耐德认为："共产主义是倡导将社会财物平均分配的学说……根据这种学说，个人没有财产私有权，社会全体成员通过劳动生产出的财物归社会所有，再将其平均分配给个人。"①作为一名信仰资本主义自由主义经济学的学者，勒耐德对社会主义和共产主义的态度是否定的，但相较于日本的启蒙思想家和"自由民权运动"中的学者，勒耐德能够从政治经济学角度对社会主义和共产主义进行更为深入的分析，并且已经上升到所有制层面，而不仅仅停留在对名称的粗浅理解，已经在认识上前进了一大步。

1881年4月，唯一神教派耶稣教会的宣传杂志《六合杂志》（第一卷第七号）上刊登了勒耐德的弟子——小崎弘道的《近世社会党原因论》。这是日本历史上第一次正式介绍马克思的文章，并将"第一国际"称作"万国党"。该文站在反社会主义的立场，将社会主义产生的原因归结于宗教的衰落，其对策就是倡导人们信仰能够满足人心的宗教。因此，这篇文章的实质是宣传基督教。勒耐德的思想精髓主要来自他的伯父——耶鲁大学校长沃尔斯（Woolsey）教授，这一点他曾在《经济学原理》的序文中提及。1882年，沃尔斯的《共产主义和社会主义》被译成日文出版，该书是一部社会主义的通史，对托马斯·莫尔等的空想社会主义、马克思的社会主义、拉萨尔的社会主义等进行了较为系统的介绍。

---

① 住谷悦治. 日本経済学の源流 ラーネッド博士の人と思想[M]. 東京：教文館, 1969: 630.

从沃尔斯到勒耐德，再到小崎弘道，其思想可谓一脉相承。与之前的日本学者相比，他们对社会主义和共产主义的介绍更为系统、深入，但是，他们只是将共产主义、社会主义作为笼统的概念进行介绍，并不能区分马克思主义范畴下的科学社会主义和其他学派的社会主义有何区别，也不能真正理解科学社会主义的真正内涵。并且由于传教士的身份，文章的宗教气息浓厚。不过，这并不妨碍他们的文章受到日本青年的欢迎，社会主义的受众性得到了提高。由于勒耐德的存在，同志社大学成为社会主义思想研究的重要阵地，美国成为向日本输出社会主义思想的重要国家，之后的安部矶雄、村井知至等早期社会主义者的思想受美国学者的社会主义思想的影响很大。

第四节 工人运动的开展与社会主义思潮（1894—1907年）

中日甲午战争后，日本资本主义的发展速度明显加快了，资本家与无产阶级之间的矛盾进一步激化，工人运动兴起。工人不再满足于自发地进行罢工，他们开始在早期社会主义者的领导下，组成工会组织，进行有组织的反抗运动。早期社会主义者在社会主义运动实践中，思想逐渐成熟，科学社会主义正式进入日本，并形成社会主义思潮，马克思主义在日本真正传播起来。

2.4.1 工会组织的出现

中日甲午战争之前，日本的工人运动是自发性的，"与其说是罢工,毋宁说是骚动"①。但在这一过程中,工人的阶级意识觉醒,他们渴望建立自己的组织。这种意识终于在中日甲午战争之后迎来了高潮。

日本历史上第一个工会组织——劳动组合期成同盟会建立,秉承工联主义。在1884—1887年,在日本印刷工人和钢铁工人中,就已出现过建立工会的动向,但没有真正形成组织。1897年,由于战后经济不景气,工人薪资下调、频遭失业,各地罢工不断。在这一背景下,自美国归国的高野房太郎、片山潜等组织成立了职工义友会。由高野房太郎执笔,制作了"号召工人同志"的传单,其中提出了工人组织的原则,散发到各个工厂。在这一运动的促进下,同年7月5日,职工义友会发展为劳动组合期成同盟会。这是日本历史上第一个真正的工会组织,片山潜、高野房太郎等被推选为该会的参事。该会继承了英国新模范工会②和美国劳动总同盟③的传统,秉承工联主义④。这是一种典型的资产阶级改良主义,反对革命,回避罢工,试图以和平手段实现劳资关系的协调。虽然其领导者片山潜等人之后转变为了社会主义者,这依然不能改变这一组织并不是社会主义指导下的工人组织,而是资产阶级改良主义性质的工人组织这一事实。但这种和平的斗争方式,缓和了当时尖锐的劳资矛盾,使得组织得以迅速壮大。至1899年末,成员已从最初的10人发展到5700余人。⑤该会组织了工人集会和游行示

---

① 高尔德别耳格. 1897—1906年日本的工人运动和社会主义运动[J]. 历史问题, 1956(8).

② 宪章运动后,在工联主义的指引下,熟练技术工人组成新型的工会——新模范工会,由于其组织机构完善、会员福利较好,成为其他工会的模仿对象。

③ 美国最大的劳动团体。

④ 工联主义又名工会主义,是19世纪中期首先在英国出现的一种资产阶级改良主义,主张反对阶级斗争,在不改变资本主义制度的基础上,通过合法和平的斗争方式实现经济和政治上的改良。

⑤ 丝屋寿雄. 日本社會主義運動思想史I[M]. 東京:法政大学出版局, 1982: 48.

威,并发行了机关刊物——《劳动世界》,片山潜任总编,在反对资产阶级思想体系、号召工人统一斗争中起了重要作用。

在劳动组合期成同盟会的影响下,新的工会组织在日本各地纷纷成立。1897年12月,1894名钢铁工人组成铁工组合,片山潜、高野房太郎等被推选为本部委员。此后,该组织发展迅速,共在日本全境设立42个支部,成员一度达到5400余人。[①]1898年,为改善劳动待遇,日本铁路工人在日本全国掀起了一场声势浩大的罢工游行,最终在参与者的团结斗争和舆论的压力下,这场运动获得了胜利。乘着胜利的势头,同年4月,日本铁道矫正会成立,集合了千余名会员。1899年11月,活板工组合成立,此后其他行业也在日本各地成立了自己的工会组织。这些工会组织建立后,为争取工人福利、普选权利、工厂立法等,开展了一系列斗争,起到了积极作用。但是,由于此时马克思主义并未在日本真正传播,这些工会组织得不到马克思主义的指导,主要是受工联主义、劳资调和主义等资产阶级改良主义的影响,寻求的是在资本主义框架下争取一定的权利。

面对日本工人运动持续发展的势头,日本政府采取了镇压手段。1900年,山县内阁制定了《治安警察法》,依据该法,包括参与政党团体、集会等群众运动都处于警察严格的监督之下,这对刚刚萌芽的日本工会组织是个沉重的打击。

面对日本政府的迫害,一些原本倾向于资产阶级改良主义的工会组织领导者开始意识到改良主义的局限性。1900年,片山潜在《劳动世界》上发表《社会改良和革命》一文,在文中,他阐述了在资本主义社会,借助社会改良,工人不可能得到解

---

① 丝屋寿雄. 日本社会主義運動思想史I[M]. 東京:法政大学出版局,1982: 49.

放，必须实行社会革命。①

中日甲午战争后，日本工人建立了一系列的工会组织，资产阶级改良主义在工人运动中占了优势。虽然社会主义思想尚未与工人运动真正结合，但工人运动的开展，推动了一部分资产阶级领导者向社会主义者转变。

2.4.2 社会主义研究与运动的开展和社会主义政党的建立

工人运动的逐步开展，促使一些知识分子向社会主义立场转变，进行社会主义的研究。1897年，以"学理及研究社会问题"为目的，以中村太八郎为首的约200名知识分子成立了社会问题研究会。1898年，片山潜、安部矶雄、幸德秋水、村井知至等社会问题研究会中一部分倾向于社会主义的知识分子从研究会分离出来，以"研究社会主义原理及其在日本应用的可行性"②为目的，组建了社会主义研究会。该研究会的会员中，安部矶雄、村井知至等人，深受美国社会主义者伊利（R. T. Ely）的影响，属于基督教社会主义者，而片山潜此时刚刚留美归国，加入了基督教，亦深受金斯莱（C. Kingsley）的基督教社会主义的影响。因此，该会的基督教气息浓厚。

其中，值得一提的是社会主义研究会创立时期的会长村井知至。他编著的《社会主义》一书，第一次从日本人的立场、观点出发，系统地、理论性地阐述了社会主义，站在基督教社会主义角度归纳了社会主义理论。他与民友社编著的《现时社会主义》（1893）、福井准造的《近世社会主义》（1899）共同代表了当时社会主义理论的水平。村井知至吸收了《社会进化论》

---

① 高尔德别耳格. 1897—1906年日本的工人运动和社会主义运动[J]. 历史问题，1956年（8）.
② 丝屋寿雄. 日本社会主義運動思想史I[M]. 東京：法政大学出版局，1982: 65.

《社会主义提要》《今日基督》等西方社会主义著作的思想、学说,并援引《社会主义真髓》和《社会主义史》中对于"社会主义"一词的解说,较为客观地介绍了社会主义思想。村井知至在《社会主义》一书中对"社会主义"的界定延续了伊利的基督教社会主义学说,他认为"社会主义即非个人主义,它反对支配现今社会的自私的个人主义,是为社会全体谋福利的公共精神","社会主义要求废除私有制,建立共有制或国有制……是公平分配财富,为社会全体谋福利的社会改良策"①,对社会主义给予了很高的评价。

不久,这些倾向于社会主义的知识分子不再满足于学术研究,他们试图组织社会主义运动。1900年,社会主义研究会从单纯的学术研究转变为旨在进行社会主义运动的社会主义协会。虽然社会主义协会的指导思想并非科学社会主义,而是资产阶级立场的社会主义,但它毕竟与资产阶级自由主义划清了界限,这是具有重要意义的一步。社会主义协会同工人建立了联系,在其领导下,曾召开过群众大会,该会的领导者们还完成了沿国内工人地区的宣传旅行。社会主义协会为此后社会民主党的建立奠定了基础。

天皇政府对工人运动一直采取"唯防之于未然"的态度,予以坚决镇压,这使得日本的工人运动一度陷入停滞状态。1898年12月,工人"51"集会被禁止。随后,1901年4月,有5万人参与的"日本工人恳亲会"也被上千名警察包围,予以监视。工人运动频遭打压。

在这种局面下,一些领导工人运动的日本社会主义者意识到必须建立一个社会主义政党,社会民主党应运而生。片山潜、幸德秋水、安部矶雄等人认识到斗争需要有统一的领导。1901

---

① 村井知至. 社会主義復刻版 [M]. 東京:櫻耶書院,2015: 24.

年，他们效仿德国社会民主党成立了社会民主党，这是日本第一个社会主义政党，成员皆为知识分子。该党发表了由安部矶雄起草的《社会民主党宣言》，并在其中提出了该党的理想纲领和行动纲领。《社会民主党宣言》旨在"依据纯粹的社会主义和民主主义，打破贫富隔阂，实现全世界的和平"，实现手段"尽量是和平的"，并争取建立"立宪政体"①。理想纲领规定"完全废除阶级制度、将必要的土地和资本收归共有、公平分配财产、给予人民平等的政治权利"②等。为了理想纲领的实现，还提出了28项行动纲领，主要条款（摘录）包括：全国铁路收归公有；禁止公有土地转卖；用法律严禁土地兼并；制定工会法，保护工人可以自由组成工会；实施普选法；废除贵族院等与政治、经济、生活相关的具体规定。《社会民主党宣言》是日本数年社会主义研究的集大成者，其中的纲领将实现人类同胞主义、和平主义和博爱主义作为终极目标，具有基督教社会主义的色彩。虽然它维护了天皇专制政府的权威，具有阶级调和的倾向，但它首次公开提出了社会主义的要求，反映了日本知识分子开始尝试将社会主义运动从单纯的理论研究推向多数人民的有组织的政治运动。虽然在政府的镇压下，社会民主党当日即以"妨害治安"的罪名被禁，但其历史意义是不可低估的。

2.4.3 社会主义思潮与马克思主义在日本的真正传播

社会民主党被禁之后，社会主义运动、工人运动并未停止，社会主义者重新回到社会主义协会，致力于社会主义的普及和宣传，社会主义得到进一步的传播，逐渐在社会上形成了社会

---

① 木原实. 日本社会主義運動史[M]. 東京：労大新書，1977: 27.
② 木原实. 日本社会主義運動史[M]. 東京：労大新書，1977: 28.

主义思潮。社会主义协会又吸纳了堺利彦、斯波贞吉等人，片山潜将《劳动世界》改名为《社会主义》，将其作为社会主义协会的机关刊物。以片山潜、幸德秋水为首的社会主义者们开展了广泛的"社会主义宣传旅行"，仅1902—1903年，就在全国召开了182次演讲会①，掀起了普及社会主义思想的活动。与此同时，社会主义协会的成员们还出版了相当数量的宣传社会主义的著作（如表2-2）。这些社会主义著作涉及空想社会主义、无政府主义、国家社会主义、社会改良主义、科学社会主义等，因其思想新颖、语言通俗，受到了群众的欢迎。其中，以幸德秋水的《社会主义神髓》和片山潜的《我的社会主义》为代表，标志着日本社会主义者终于接近了马克思主义的科学社会主义，马克思主义在日本真正传播起来了。

表2-2 1901—1903年社会主义协会的主要社会主义著作

年份	作者	著作
1901	安部矶雄	《社会问题解释法》
1901	久松义典	《最近国家社会主义》《社会研究新论》
1901	片山潜	《普通选举》《日本的工人运动》
1901	幸德秋水	《二十世纪之怪物帝国主义》
1901	西川光二郎	《社会党》
1901	岛田三郎	《世界之大问题》《社会主义概评》
1902	烟山专太郎	《近世无政府主义》
1902	幸德秋水	《广长舌》《兆民先生》
1902	西川光二郎	《人道之战士、社会主义之父卡尔·马克思》
1902	矢野文熊	《新社会》
1903	安部矶雄	《社会主义论》
1903	久松义典（译）	《19世纪社会主义及社会运动》
1903	片山潜	《都市社会主义》《我的社会主义》

---

① 方昌杰. 日本社会主义思想史（提要）[J]. 东方哲学研究，1979（1）.

续表

年份	作者	著作
1903	木下尚江	《社会主义与妇女》
1903	幸德秋水	《圣·西门传》《社会主义之根本》《社会主义神髓》
1903	中山传之丞	《社会主义提要》
1903	高桥五郎	《社会主义解说》

资料来源：根据渡部义通．日本社会主義文献解説（明治維新から太平洋戦争まで）[M]．日本：日本図書中心，1997.中的文献纲目绘制

1903年，日俄战争战势高涨，这为日本的社会主义思潮与工人运动相结合提供了契机。当时，日本被反俄国沙文主义的舆论所笼罩，《万朝报》成为"反战、和平"的据点。以幸德秋水、堺利彦等为代表的撰稿人组成"理想团"，以笔锋为武器反对日俄战争。不久，《万朝报》不堪舆论压迫，转为"主战论"。幸德秋水、堺利彦离开该社，创立了以"三个主义"①为特征的平民社，并发行《平民新闻》周刊②，宣传反战和社会主义思想。平民社以"和平反战"的方式贯彻它的主张，竭力阐明战争的帝国主义性质，对内召开研究会，对外组织演讲会、集会、地方游说、散发宣传品。在此努力下，日本全境都展开了社会主义者的组织和集会。此外，片山潜利用他主编的《社会主义》，集结社会主义运动的力量。与平民社所主张的非暴力斗争方式相反，片山潜主张政治罢工，并在"反战"的名义下，将社会主义思潮与工人运动结合在一起。1903年10月18日，片山潜等人以社会主义协会的名义，在东京组织了大型反战集会，小石川炮兵工厂、赤羽兵工厂的工人成为主要参与者。1903年11月，《社会主义》向全体工人发出了准备总罢工的号召。此

---

① 三个主义，即社会主义、平民主义、和平主义。
② 存续于1903年11月15日—1905年1月29日，平均发行量为3300份。

后，在社会主义思潮的影响下，各种革命、暴动、罢工、游行不断出现。在这些运动中，多数运动是在社会主义思潮指导下有组织、有纪律进行的。①

2.4.4 马克思主义在日本的持续传播和发展

乘日俄战争之机，日本的马克思主义研究有了进一步突破。1904年11月13日，在《平民新闻》创刊一周年的纪念刊上，刊登了堺利彦和幸德秋水合译的《共产党宣言》②。这在日本社会主义运动史上具有划时代的意义。它标志着以堺利彦和幸德秋水为代表的社会主义者终于摆脱了基督教社会主义者的范畴，向马克思主义的唯物论者迈出了第一步。

日本的社会主义运动走向国际，与俄国社会主义政党建立了联系。在日俄战争的背景下，《平民新闻》成为日本社会主义运动对外联络的窗口。1904年，《平民新闻》18期刊登了《致俄国社会党书》，受到世界各国社会主义政党的高度评价。1904年8月，片山潜代表日本工人阶级出席了第二国际第六次代表大会，与普列汉诺夫共同发表反战演说并握手，对日本的反战运动起了良好的推动作用。1905年1月，在当局的压制下，《平民新闻》停刊，平民社转道《直言》③，继承《平民新闻》的衣钵，继续反战运动。《直言》对第一次俄国革命进行了广泛的报道，并成为日本社会主义者声援俄国革命的主要阵地，使得日本民众广泛地了解了第一次俄国革命。

在第一次俄国革命和日俄战争的双重影响下，日本工人运

---

① 门晓红. 日本早期社会主义思潮对中国共产党的影响[J]. 马克思主义研究，2011（10）.

② 并未刊登《共产党宣言》全文，因防备政府禁刊，将篇幅限制在10页，省略了原文中"社会主义及共产主义文献"部分。

③《直言》原是原霞外、白柳秀湖等主办的社会改良主义期刊，《平民新闻》停刊后，平民社将其作为《平民新闻》的延续，继续进行反战和社会主义宣传。

动有了新的发展，日本社会党成立，社会主义政党开始在工人运动中起领导作用。日俄战争后，日本大胜，在战争成果的滋养下，日本的机器大工业加速发展，产业工人猛增，资本家加重对工人的剥削，资产阶级和无产阶级之间的矛盾加剧，工人罢工不断。1905年共发生19次罢工，直至演变为1905年9月5日至6日的各阶层群众性的反政府暴动。1905年9月5日，全国性的大罢工爆发，与之前的罢工相比，这次的罢工更具组织性、联合性和规模性，但由于缺乏统一领导，罢工惨遭失败。因此，建立一个统一的组织来领导工人运动迫在眉睫。1905年11月，《新纪元》和《光》两种社会主义报纸创刊，为建党造势。1906年2月24日，日本社会党诞生了，党则规定"本党在国法的范围内坚持社会主义"①，成为日本历史上第一个合法的社会主义工人政党。日本社会党的正式党员约有200名，但据当时警视厅的报纸报道，全国的支持者约有25000人，可见社会党对正式党员以外的社会主义者也有相当的影响力。日本社会党的成立，极大地鼓舞了工人运动。截至1907年，日本共发生罢工165次，日本社会党在一部分罢工中起了领导作用。

与此同时，马克思主义也得到了进一步传播和普及。1905年3月15日，堺利彦等创刊了《社会主义研究》，开始在社会主义者当中更加广泛、正确地介绍马克思主义。它全文译刊了《共产党宣言》和《社会主义从空想到科学的发展》，登载了大杉荣的《万国社会党大会简史》，并介绍了贝尔的《总同盟罢工的历史意义》、倍倍尔的《政治总同盟罢工论》等，还登载了《马克思传》《恩格斯传》，以传记形式介绍了这两位社会主义革命家的思想。1907年，森近运平和堺利彦还合作出版了《社会主义纲要》一书，该书加深了对马克思主义的理解。这些出版物

---

① 丝屋寿雄. 日本社会主義運動思想史I[M]. 東京：法政大学出版局，1982: 144.

为马克思主义的进一步广泛、深入传播做出了重要贡献。这一时期，一部分社会主义者日益趋向于将马克思主义的科学社会主义独立出来，作为自己的研究主体和理论信仰，并尝试将其用于自身的社会主义运动实践。

经过中日甲午战争和日俄战争的洗礼，社会主义思潮和工人运动走向交汇，马克思主义终于在日本落地并得到了持续的传播。工人运动开始由自发转向由社会主义政党领导的运动，但马克思主义仍然没有成为工人运动的指导思想。马克思主义处在和空想社会主义、改良主义、无政府主义等的对立竞争之中。

第五节 社会主义运动陷入"寒冬"与重新繁荣（1908—1913年，1914—1918年）

2.5.1 社会主义阵营的分裂

日俄战争结束，在工人运动高涨之际，社会主义阵营却发生了分裂。首先是平民社内部出现了思想上的分裂，站在基督教社会主义立场上的安部矶雄、西川光二郎，同此时已经站在唯物论的社会主义立场上的堺利彦、幸德秋水发生了对立。这直接导致了平民社的解散。此后，木下尚江、石川三四郎等创立了基督教社会主义月刊《新纪元》，自称是马克思派社会主义的西川光二郎等创立了月刊《光》，而堺利彦等创立了《日刊平民新闻》。1907年，幸德秋水在《日刊平民新闻》上发表《我的思想变化》一文，主张采取"直接行动"，致使他与《新纪元》和《光》的社会主义者之间潜在的思想对立表面化了。在日本社会党第二次代表大会即将召开之际，堺利彦、田添铁二、石川三四郎、幸德秋水之间展开了严肃的讨论。这种争论在大会上达到顶峰，分裂为以幸德秋水为代表的"直接行动派"和以片山潜为代表的"议会政策派"。前者主张依靠工人的直接行动来实现社会主义，实际上是一种无政府工团主义；后者幻想通过议会选举，和平地实现社会主义，虽然较符合日本实际，却显然受到了第二国际修正主义的影响。两派的对立愈演愈烈，给社会主义运动带来严重损害。

如此，当时的社会主义阵营里实际分化为"无政府主义派"、受第二国际影响的"修正主义派"，以及抵制第二国际影响的"正统派"，社会主义者之间的鸿沟日益加深。日俄战争后，大规模的罢工和矿山暴动相继发生。然而，受社会主义阵营分裂的影响，日本的社会主义者没有把握住工人运动高涨的机会。由于没能正确掌握马克思主义的科学社会主义原理，导致他们无法将工人运动引向革命的政治斗争。这为之后社会主义运动的衰落埋下了隐患。

2.5.2 "直接行动派"的覆灭与社会主义运动的"寒冬"

幸德秋水的"直接行动论"的核心是反对天皇。这一群体没有从整个机构上把握天皇制的本质，而是将斗争的矛头指向了天皇个人，他们的"直接行动"不是领导群众进行革命斗争，而是对天皇实行个人恐怖主义。这一思想导致了十分严重的后果。

1908年6月22日，为欢迎山口义三出狱，社会主义者举行了示威游行，遭到警察镇压，这就是历史上有名的"赤旗事件"。该事件导致堺利彦、山川均、荒畑寒村、大杉荣等13人被捕。同年8月，西川光二郎、山口义三、吉川守国等人也被判入狱。至此，"直接行动派"的主要成员基本被逮捕，失去了活动的自由。

1910 年 5 月，政府得知宫下太吉等人企图暗杀天皇的计划，检举了幸德秋水，以及与此毫无关系的数百名社会主义者和无政府主义者，捏造出所谓的"大逆事件"。结果，幸德秋水等 12 人被判处死刑，12 人无期徒刑。

"大逆事件"带给了日本的社会主义运动沉重打击。"大逆事件"后，天皇政府更加疯狂地镇压社会主义运动，言论、集会、结社的自由被完全剥夺。在白色恐怖下，社会主义组织被破坏殆尽，幸存的社会主义者被迫转入地下。自此，日本社会主义运动进入"寒冬"时期。

早期社会主义运动的失败，使社会主义者认识到：不同天皇制进行针锋相对的斗争，就没有自由和解放。这也促使社会主义者之后向马克思主义者、革命者转变。

2.5.3 社会主义运动的重新繁荣（1914—1918 年）

"大逆事件"后，日本的社会主义运动沉寂了很久，主要领导人也离开了运动，四散而去：石川三四郎和片山潜流亡欧美；堺利彦开办"卖文社"以"卖文"为生；大杉荣和荒畑寒村则退居文艺，据守《近代思想》杂志。然而，第一次世界大战为日本的社会主义运动提供了复苏的契机。

第一次世界大战的爆发，使得日本的工人运动和社会主义运动开始复活。尤其是 1917 年俄国十月革命后，日本社会主义者认识了布尔什维克，走上了布尔什维克的道路，社会主义运动再次走向高涨。马克思主义终于摆脱了之前被各种思想环绕对立的局面，进入了一个全新的传播阶段。

第三章　形成阶段——"日本马克思主义"①在日本的初步应用（第一次世界大战后至1945年）

马克思、恩格斯曾在《德意志意识形态》《共产党宣言》等著作中，提出过"世界历史"理论。理论指出，随着资本主义向全世界的扩张，无产阶级和资产阶级的矛盾也扩展到全世界。各国无产阶级的联系日益加强，其革命活动具有了世界历史的意义。在第一次世界大战期间，俄国十月革命的胜利，对全世界的无产阶级是一个巨大的激励，世界各国人民的革命运动风起云涌，并突破了民族地域的限制，具有了世界历史的意义。毫无例外，日本也"卷入了全世界革命运动的总漩涡"②，马克思主义在日本的传播也随之出现了新的面貌。

第一次世界大战后，马克思主义在日本的传播进入了一个新的阶段。在十月革命的影响下，日本的工人运动重新高涨，日本共产党成立，标志着工人运动和科学社会主义的结合。日本共产党还走出国门，投入国际无产阶级运动的洪流中，与共产国际建立了密切的联系。日本的马克思主义者也不再满足于

---

① 这里的"日本马克思主义"不同于韩立新所提的作为一个独立的马克思主义流派的"日本马克思主义"，而是沿用了日本马克思主义学界的通用说法，日语原文为"日本マルクス主義"或"日本のマルクス主義"，即"日本式的马克思主义"之意。

② 中共中央编译局. 列宁全集：第43卷[M]. 北京：人民出版社，1987: 390.

单纯地"移植"马克思主义理论,而是将其作为理论的和方法的武器,来分析日本的资本主义的历史和构造,从而制定革命的路线和方针。与一战前日本的社会主义者主要吸收马克思主义的科学社会主义思想不同,一战后日本的马克思主义经济学研究和马克思主义哲学研究都取得了突破,马克思主义在日本得到了初步的应用,"日本马克思主义"初具规模。

第一节 第一次世界大战后日本的国内环境

第一次世界大战带给了日本资本主义空前绝后的繁荣景象。日本的工业生产总值达到战前的6倍,企业数量由1914年的17000家增长到1917年的36000家,资本总额跃升至60亿日元。[①]钢铁、造船、机械、化学工业迅速发展,资本日趋集中,财阀银行的支配力日益增强。日本从资本输入国变为资本输出国,日本也从产业资本主义阶段进入了真正的垄断资本主义阶段,垄断资产阶级在天皇制国家政权中确立了优势地位。随着日本对中国等国家的侵略政策日益明显,日本已成为一个真正的帝国主义国家。

随着日本工业的发展,工人数量激增,男性工人比重的提高为工人运动增添了阶级力量。工人数量由1913年的145万人增至1918年的248万人,[②]一战前工厂工人6成以上都是来自农村的女工(由于此时纺织工业是工业的主导,可参见前文),与之不同,一战后男性工人数量大大提高,他们主要分布于化学工业等重工业企业,为工人阶级增添了骨干力量。与此

[①] 丝屋寿雄. 日本社会主義運動思想史I[M]. 東京:法政大学出版局,1982:206.

[②] 丝屋寿雄. 日本社会主義運動思想史I[M]. 東京:法政大学出版局,1982:207.

同时，由于日本进入了垄断资本主义阶段，垄断资产阶级加剧了对工人的压榨，造成工人生活困苦、农民破产，加之物价飞涨，各地开始掀起罢工斗争。

资产阶级民主主义运动再次兴起。政治发言权已有所增强的日本资产阶级在世界性的"民主"潮流中，发动群众进行了继"自由民权运动"之后的第二次大规模的民本主义运动。资产阶级以群众运动为后盾，通过两次"护宪运动"同军阀专制政府展开斗争，掀起了一场资产阶级改良运动。以吉野作造主导的资产阶级民主主义理论受到知识阶层的绝对支持。

以上这些形势的巨大变化推动了社会主义运动从窒息状态中复苏，并构成它在规模上和性质上同明治时期截然不同的发展条件。

第二节　社会主义运动的重新高涨与日本共产党的成立

俄国十月革命实现了无产阶级专政，也使世界形势发生了根本变化，整个世界分裂为资本主义和社会主义两种制度，世界资本主义陷入总危机。德国、奥地利、匈牙利等国家爆发了革命，殖民地也掀起了民族解放运动，动摇了帝国主义殖民体系。这一革命浪潮也不可避免地席卷了日本，推动了无产阶级政党的建立。

第一，俄国十月革命的胜利促使日本社会主义者发生思想转变，为日本无产阶级政党的建立奠定了思想基础。俄国十月革命的胜利使得日本幸存的社会主义者，尤其是"议会政策派"认识到自己的理论错误，逐渐摆脱了第二国际修正主义的影响，走上了布尔什维克之路。片山潜等人开始研究列宁的《国家与革命》等著作,确立了无产阶级的国家观,认清了社会主义与国家的关系,明确了布尔什维克革命的基本经验。他们认识到帝国主义必须由无产阶级直接推翻,而无产阶级又必须在共产党的领导之下从事斗争。这标志着片山潜等人在总结社会主义运动的经验的基础上,在俄国十月革命的影响下,向马克思主义彻底转变。这为日本建立无产阶级政党奠定了基础。

第二,在俄国十月革命的影响下,群众运动高涨,社会主义运动和工人运动开始结合,为无产阶级政党的建立奠定了群众基础。1918年8月,由于米价飞涨(每升由1角5分涨至5角),日本爆发了"米骚动"。这场暴动由富山县瞬间蔓延到全国,历时57天,全国1/4的人口都卷入了这场暴动。"米骚动"是一场自发的经济斗争,却引起了工人阶级及整个社会的响应,工人占到这场运动人数的90%[①],极大地推动了工人运动的发展。"米骚动"之后,以工人阶级为首,农民、妇女等被压迫的阶层纷纷成立组织,一齐反抗剥削和压迫。1918年起,工人运动开始高涨,到1919年,罢工规模更加扩大,工会组织迅速发展。1920年,在重工业企业出现了"同盟会""联合会"等工人组织,会员达到7万余人。在农村,农民反抗斗争进一步发展,佃农斗争从1917年的85次激增到1921年的1680次,佃农协会也从1918年的88个发展到1922年的525个。[②]1922年,日本第一个全国性农会——"日本农民组合"成立,标志着农民运动进入了一个新阶段。这些群众运动的高涨进一步推动了社会主义运动的发展,社会主义运动和工人运动走向交汇。1920年,"日本社会主义同盟"的建立将工会和社会主义者集

---

① 曹天禄. 日本共产党"日本式社会主义"的理论与实践[M]. 北京:中国社会科学出版社,2004: 15.

② 木原実. 日本社会主義運動史[M]. 東京:労大新書,1977: 96.

合在一个组织，标志着工人运动和社会主义运动的结合。

第三，社会主义运动重新高涨并迈向马克思主义方向，日本无产阶级政党建立的条件日益成熟。1919年，堺利彦、山川均等人创办了《社会主义研究》，推进了马克思主义的解释和宣传工作。河上肇继1916年的《贫乏物语》后，又于1919年发行杂志《社会问题研究》，致力于马克思主义的研究和普及。并且，在1920年后，马克思主义文献陆续出版。1920年，《马克思全集（附恩格斯全集）》开始出版，并受到读者欢迎。东京大镫阁和而立社亦于1920年开始出版高畠素之翻译的《资本论》，并于1924年将全集出版完毕，使得日本对马克思主义的研究和传播更加深入。在这种背景下，在日本建立无产阶级政党的组织条件和思想基础日益成熟了。

第四，在马克思主义者和无政府主义者的对立斗争中，马克思主义者的实力日渐壮大，共产主义团体纷纷建立，对日本无产阶级政党的建立起了直接的推动作用。一战结束后，"社会主义同盟"成为将日本社会主义者集合在一起的主要组织。但这个组织的成员复杂，既有各种立场的社会主义者，亦有信友会等工会组织成员，甚至混有新人会等学生团体，无产阶级和小资产阶级混杂在一起，无法实现思想上的统一。因此，在思想和阶级立场不同的前提下，"社会主义同盟"内部思想对立和摩擦不断。尤其是，马克思主义者（Bolshevik）和无政府主义者（Anarchism）之间的对立成为矛盾的主流。以幸德秋水为代表的无政府主义在一战后被大杉荣等领导人继承，并获得了部分工人的有力支持；而一部分社会主义者及无政府主义者转到了马克思主义立场，获得了其他工人和知识分子的持续支持。"社会主义同盟"成为马克思主义者和无政府主义者对战的舞台。这场争斗围绕社会主义运动的组织、领导和路线问题，持续到1922年。通过这一斗争，日本的社会主义者逐步认清了无政府主义的危害性,更加坚定了马列主义信念,随着大杉荣等人死于政府的白色恐怖,无政府主义随之衰落,在工人运动中几乎丧失了影响力。而马克思主义者的力量日益壮大,出现了"马列会""无产社""水曜会""晓民会"等一批共产主义团体和《前卫》①《无产阶级》②等宣传马克思主义的刊物。这为日本无产阶级政党的成立做好了思想和组织上的准备。

面对日本国内阶级斗争的发展态势,建立一个无产阶级的政党迫在眉睫,第三国际开始帮助日本进行建党的工作。1922年,第三国际主持召开了"远东民族大会",此时已经成长为马克思主义者的片山潜作为领导人参会,并做了题为"日本的政治、经济形势与工人运动"的报告,开创了运用马列主义分析日本社会的先例。会议决定,在日本迅速建立共产党,与会代表们将这个任务带回日本国内并加紧实施。

在各条件成熟的情况下,1922年7月15日,在涩谷伊达町的一处民宅中,日本共产党成立大会召开,日本共产党正式建立了。大会通过了临时党章,选出了党的中央机构,并做出加入共产国际的决定。1922年11月12日,共产国际在第四次大会上,正式承认日本共产党为共产国际的日本支部。日本共产党的成立是"掀开日本近代史上新一页的、划时代的事件"③。日本共产党的成立,使日本的工人运动与科学社会主义真正结合在一起,并成为世界工人运动的一部分。日本共产党的成立,标志着日本工人阶级终于在庞杂的理论中,选定了马克思主义作为自己唯一的科学世界观,预示着日本社会主义运动和工人运动进入了崭新的发展阶段。

---

① 《前卫》创刊于1922年1月,以无产阶级的立场分析社会问题,介绍各国共产主义运动。

② 《无产阶级》创刊于1922年4月。

③ 介绍日本共产党[M]. 陈立旭,译. 北京:中共中央党校科研办公室,1986:9.

第三节 马克思主义理论战线的分裂——日本共产党内的对立之殇

日本共产党成立后,党内在组织理论、纲领的确立和制定方面就一直分歧不断,先后被"右倾""左倾"路线引入歧途,偏离了马克思主义的正确方向。由此带来了日本共产党的多次分裂,给日本共产党的事业带来极大的损害。

3.3.1 "福本主义"和"山川主义"的"左""右"倾之争

日本共产党成立后,共产国际曾在列宁直接指导下起草了《日本共产党纲领草案》(以下简称《草案》),虽未经日本共产党通过成为正式纲领,却是将马克思列宁主义运用于日本实际的第一个革命纲领。《草案》开篇就指出了日本资本主义发展的特殊性,指出了日本半封建的土地所有制的残余及资产阶级革命的存在,阐明在资产阶级革命尚未完成的现阶段,日本共产党应"最大限度地团结可以团结的力量,并确保党对其绝对的领导……特别重要的是要发动广大农民阶层"[1],"将资产阶级革命的完成作为无产阶级革命的直接序幕,最终实现资产阶级政权覆灭和无产阶级专政的目标"[2]。《草案》指明了日本共产党的革命目标、实现手段,以及政治、经济、对外关系等方面的要求,如"废除君主制""无偿征收天皇、地主、寺院的土地

---

[1] 日本共産党中央委員会. 日本共産党綱領文献集[M]. 東京:日本共産党中央委員会出版局,1998: 66.

[2] 日本共産党中央委員会. 日本共産党綱領文献集[M]. 東京:日本共産党中央委員会出版局,1998: 65.

收归国有"等,为日本共产党的发展指明了方向。

但是,日本共产党在"废除君主制"这一点上产生了分歧,《草案》最终未能成为党的纲领。以山川均为代表的领导层很快违背了《草案》的基本精神,将"山川主义"作为了党的指导思想。"山川主义"主张"日本无产阶级运动的第一步,是先进的少数人先于无产阶级大众实现思想的彻底纯化……无产阶级运动的第二步,是先进的少数人必须带着彻底纯化的思想回到落后的群众中去……'到群众中去'必须成为一个新的口号……我们在反对资本家剥削和权力统治的一切战线上,必须采取积极斗争的态度……政治上的反抗才是真正的积极战术"①。"山川主义"对于批判之前脱离群众的宗派主义和冒进的无政府主义有其积极意义。但"山川主义"有致命的缺陷,它空喊着"到群众中去"的口号,却以一个"思想纯化"将先锋分子和普通群众分隔开来,忽视了让群众在革命中提高政治思想觉悟这一根本任务,实际上是一种变相的脱离群众。并且,"山川主义"在对待天皇制上态度暧昧,没有明确指出共产党的独立自主性和把马克思主义政党建设在群众之中这一迫切任务,实质上存在着右倾机会主义和尾巴主义的缺陷。"山川主义"的这一主张被称作"方向转换论"(来源于他的《无产阶级运动的方向转换》),几乎为日本共产党带来了亡党的危险。

1923年,天皇政府对日本共产党实行大镇压,众多共产党员被捕。在"山川主义"的影响下,党的少数领导人认为共产党在日本建立的条件尚不成熟,而产生了"解党主义",并于1924年做出了"解党"的决议。共产国际没有同意这一"解党"决议,派渡边政之辅等组成"善后整理委员会"着手党的重建工作。然而,重建后的日本共产党并没有回到马克思主义的正

---

① 山川均《无产阶级运动的方向转换》,载于《前卫》7、8月合并号。

确轨道，又陷入了福本和夫的"福本主义"泥潭。1926年，福本和夫在《马克思主义》①上发表《必须从扭转山川氏的方向转换论开始》一文，对"山川主义"进行了尖锐批判。相较于山川均，福本和夫更擅长马克思主义的辩证唯物论和历史唯物论，并将这些理论用于分析日本的现实问题，引起了人们的关注。"福本主义"的中心思想是"分离结合论"，福本认为日本的无产阶级运动正在向协同战线党的"联合"形式发展，可按照这种发展态势，日本无产阶级将无法在政治上实现真正的"联合"。因此建立无产阶级政党时，"在结合之前首先必须使之断然分离"②，即日本无产阶级必须"果断地毫不犹豫地通过理论斗争"③将马克思主义的要素进行"分离"和"结合"，将斗争限定在理论斗争的范围内，使日本共产党降为一个单纯的思想理论团体。福本认为，领导"理论斗争"是革命知识分子的任务，革命知识分子应首先取得无产阶级的政治斗争理论，再将它灌输到整个无产阶级中去。这不仅使日本共产党和群众在思想上嫌隙丛生，甚至出现了擅长"理论斗争"的知识分子掌握党和群众团体领导权的现象，抛弃了马克思主义的原则，表现出分裂主义和宗派主义倾向。由此可见，"福本主义"实际上是一种"左倾"宗派主义，尽管它对"山川主义"极尽批判，但在背离马克思主义这一点上，两者是一致的。

直到1927年通过的《二七年纲领》中，"山川主义""福本主义"的问题才得到清算，才将日本共产党引向马克思主义的正途。但是，党内各方的意见仍然不统一，这种对立在《二七年纲领》颁布后愈加明显了。

---

① 《马克思主义》创刊于1924年5月，是日本共产党的理论机关刊物。
② 那庚辰. 近代日本思想史[M]. 北京：商务印书馆，1992：19.
③ 福本和夫. ＜方法転換＞はいかなる諸過程をとるか[J]. マルクス主義，1925(10).

3.3.2 《二七年纲领》和《三二年纲领》引发的派系之争

1927年7月15日，共产国际常务执行委员会通过了《关于日本问题的决议》（史称《二七年纲领》）。《二七年纲领》分析了日本的国内形势，指出日本革命的动力主要是无产阶级领导下的工人和农民的联盟，为了实现这一联盟，必须"巩固党在工人运动中的领导地位"[①]，阐明了日本共产党对待社会民主主义的态度，指出"揭露党内社会民主主义的各种伪装，是当前日本共产党最紧急的斗争任务"[②]。此外，《二七年纲领》还阐明了共产党的作用，论述了共产党和工会组织、共产党和工人的群众性组织及统一战线的问题；彻底批判了"福本主义""山川主义"的"左""右"倾向，为重建后的日本共产党指明了马克思列宁主义的正确方向。特别值得注意的是，《二七年纲领》明确了日本共产党在当前阶段的战略任务，即"资产阶级民主主义革命只是通往社会主义革命道路的第一阶段……无产阶级应将其正确地转变为社会主义革命"[③]。《二七年纲领》延续了1922年共产国际制定的《草案》对日本共产党战略任务的界定，即坚持"二阶段革命论"。但是，关于这一点的不同观点成为之后日本共产党内的争论焦点，并一直延续到《三二年纲领》颁布之后。

虽然通过《二七年纲领》的批判，"山川主义"和"福本主义"丧失了领导地位。但其理论的影响并未消除，并演变成新

---

① 日本共産党中央委員会. 日本共産党綱領文献集[M]. 東京：日本共産党中央委員会出版局，1998: 85.

② 日本共産党中央委員会. 日本共産党綱領文献集[M]. 東京：日本共産党中央委員会出版局，1998: 86.

③ 日本共産党中央委員会. 日本共産党綱領文献集[M]. 東京：日本共産党中央委員会出版局，1998: 81.

的派系之争。《二七年纲领》颁布后，党内一些延续了山川理论的学者对于日本共产党的战略任务提出了异议。他们认为，日本已是资产阶级政权的资本主义国家，虽然还留有很多封建残余，但已不足以构成独立的政治势力，已被资产阶级政治势力吸收或同化。地主阶级也在一定程度上实现了资产阶级化，不再构成与资产阶级政治势力相对立的社会基础。基于上述对日本国情的分析，他们认为：明治维新后，资产阶级民主主义革命的任务已经完成，主张在资产阶级民主主义革命完成后再进行社会主义革命的"二阶段革命论"是不合时宜的，应直接进行社会主义革命，即采用"一阶段革命论"。

"一阶段革命论"与"二阶段革命论"之争在《三二年纲领》颁布后达到顶峰。1932年5月，共产国际西欧局制定了《关于日本形势和日本共产党的任务》（史称《三二年纲领》），这一纲领得到了日本共产党中央委员会的无条件承认。《三二年纲领》首先深入分析了日本帝国主义和战争的关系，其次阐明了当前革命的性质是"反对帝国主义和天皇制，为了食物、土地和自由，为了建立工农联盟政府的人民革命"[①]，最后分析了革命运动的现状和日本共产党当前的任务。由于1931年九一八事变已经爆发，日本政府正在急剧法西斯化，反战斗争作为当前共产党的任务之一被特别指出。与之前的纲领相比，《三二年纲领》的进步之处在于不再回避天皇制，而是深入分析了天皇制在日本统治体制中的作用。在关于日本共产党的战略任务方面，《三二年纲领》再次强化了"二阶段革命论"，使得"一阶段革命论"与"二阶段革命论"两派之间形成了根本性的对立。

"一阶段革命论"与"二阶段革命论"的对立不仅局限在政

---

① 日本共産党中央委員会. 日本共産党綱領文献集[M]. 東京：日本共産党中央委員会出版局，1998: 107.

治上，还延伸到经济上。两派为了各自的革命战略寻求理论基础，加之日本国内政治环境日趋严峻，因而将着眼点放在了用马克思主义经济学原理分析日本资本主义上。主张"一阶段革命论"的一派演变成了"劳农派"，而主张"二阶段革命论"的一派演变成了"讲座派"。

"劳农派"和"讲座派"在马克思主义经济学领域都取得了相应的成就，但是两者之间的对立使马克思主义理论战线发生了深刻的分裂。在《二七年纲领》批判"山川主义"和"福本主义"后，"劳农派"作为"山川主义"的延续，拒绝回到共产党内，反对党的一切政策。1928年，"劳农派"的一部分人作为叛徒被开除出党，造成了非常恶劣的影响，它使得党内的宗派主义愈加严重了。

第四节　日本共产党为传播马克思主义做出的努力

《二七年纲领》通过后，在其指引下，日本共产党开始真正的革命活动。在工厂的基层组织上建立党组织，并于1928年2月创办了《赤旗》，在宣传马克思主义方面起了很大作用。日本共产党还制定了对工人进行系统的马克思主义教育的计划，由高桥贞树撰写了《工人教育大纲》，对工人进行科学社会主义、唯物史观等方面的教育。

1928年12月，"日本工会全国协议会"（简称"全协"）成立，日本共产党领导了"全协"的活动，促进了工人运动的发展。不足的是，日本共产党混淆了党与工会的界限，推行全协政党化，反而造成了自己与群众的隔阂。尤其是1929年日本金融危机后，日本共产党误以为"工人阶级对日本资本主义的最后进攻"已经开始，贸然领导"全协"发动了总罢工，造成了严重的后果，引起了"全协"内部组成反对派"刷新联盟"，"全协"力量随之削弱。

1931年九一八事变后，第二次世界大战迫近，反战斗争成为日本共产党的中心任务。日本共产党将"反战斗争"写入《三二年纲领》，并依据这个纲领，利用一切机会宣传反对侵略战争，在各地组织反战游行，指导劳资争议和反战斗争相结合，在军队的基层秘密建立共产党组织。日本共产党还利用机关刊物加强马克思主义和反战宣传，《赤旗》改为铅印，每月增发至6期。共产党活动在这一时期达到极盛。在日本共产党的努力下，拥护马克思主义的群众（主要是知识分子）空前增加。

九一八事变后，在"反战"的背景和日本共产党的影响下，工人、农民、知识分子的革命斗争出现了空前的高潮，人民群众接受马克思主义的规模和程度也达到二战结束前的最高水平。但是，由于天皇政府的疯狂镇压，加之日本共产党内部的派系斗争，使日本共产党遭受了很大损失。1933年，以佐野学、锅山贞亲的《转向声明书》为始，日本共产党中陆续出现"转向者"，甚至进入了一个"转向时代"。这使得日本共产党的力量更加削弱。1934年，党史上规模最大的反中央帮派组织"多数派"的蓄意破坏，使得日本共产党的党组织几近崩溃，共产党中央委员会遭到完全破坏。《赤旗》也在1935年2月宣告停刊。此后虽经各地共产主义者的多方努力，但截至1945年的十年间，日本共产党始终未能建立起全国性的领导机关。

在天皇政府的重重压迫下，日本共产党艰难求生。在组织领导工人运动和群众运动、进行反战斗争、传播马克思主义方面，日本共产党起了重要作用。即使在白色恐怖的压迫下，一部分日本共产党人仍以学术研究的名义，联合其他学者，于

1932年成立唯物论研究会，以"研究自然科学、社会科学及哲学中的唯物论为目的"①，采取间接的方法宣传马克思主义唯物论。但在政府镇压、派系斗争、反党分子的分裂之下，日本共产党最终与群众渐行渐远，尽管在它的纲领中认识到工农联盟的重要性，现实中却未能实现，也未能完成纲领中所确定的革命任务，反映了马克思主义在日本思想根基尚浅。

第五节 百家争鸣的马克思主义研究——"日本马克思主义"初具规模

3.5.1 马列著作的日译本集中问世

一战后，尤其是十月革命后，马克思主义在日本的传播更加广泛，一些重要的马克思列宁主义著作被陆续译成日文出版（如表 3-1）。这些日译本的问世，是将原著转化为本民族语言的过程，更是在理解原著的基础上再创作的过程。日本学者在翻译的过程中，创造了相当数量的马克思主义术语，用东方文化的言简意赅诠释了这些术语的抽象意义，加深了日本无产阶级对马克思主义的理解，推动了他们将理论付诸实践的意愿。

表 3-1 马列主义重要著作日文版的出版时间

马列主义重要著作	日文版出版时间
《俄国革命》	1917 年
《俄国社会民主党在民主革命中的任务》	1917 年
《苏维埃当前的任务》	1918 年

---

① 那庚辰. 近代日本思想史[M]. 北京：商务印书馆，1992: 42.

续表

马列主义重要著作	日文版出版时间
《资本论》	1920—1924年
《神圣家族》	1923年
《哲学的贫困》	1924年
《费尔巴哈论》	1925年
《德意志意识形态》	1926年
《反杜林论》	1927年
《德意志意识形态》的"费尔巴哈"章	1927年
《黑格尔法哲学批判》	1928年
《1844年经济学哲学手稿》	1932年

注：表格参照韩立新."日本马克思主义"：一个新的学术范畴[J].学术月刊，2009（9）.中的统计及渡部義通.日本社会主義文献解説（明治維新から太平洋戦争まで）[M].日本：日本図書中心，1997.中的文献纲目绘制

3.5.2 在论战中形成的日本马克思主义经济学派

在第一次世界大战与第二次世界大战之间，日本的马克思主义经济学界共发生了三次大的论战，这三次论战使得日本的马克思主义经济学研究更加深入，促成了日本马克思主义经济学两大学派的形成。

第一场论战是关于价值理论的论战，发生在1922年。论战围绕《资本论》第1卷的价值理论与《资本论》第3卷的生产价格理论之间是否存在矛盾而展开。一方以小泉信三、高田保马、土方成美为主要代表，继承了奥地利经济学家庞巴维克的观点，认为《资本论》第1卷的价值理论和《资本论》第3卷的生产价格论是相矛盾的。理由是：工资是由再生产劳动者的商品的费用来表现的，而这些商品的费用是用价格来体现的，

而非用价值来体现,因此,劳动本身与《资本论》第1卷的原理是相矛盾的①。他们还认为,马克思的价值理论陷入了循环论证。因为,按照生产价格理论,商品的生产价格是由各种要素的费用决定的,而这些要素的价格又由生产所需要的资本及劳动力的费用决定。那么,商品交换是按照与生产商品所需要的劳动时间无关的价值来进行的。

针对这一观点,山川均最先发起了反击,之后栉田民藏进行了较为深入的讨论。栉田认为《资本论》第1卷的价值理论和《资本论》第3卷的生产价格论分别适用于不同的经济发展阶段。前者适用的是资本主义以前的"简单商品生产"阶段,后者适用的是发达资本主义经济阶段。这场论战是大约20年前欧洲那场论战的重演,但有深远的历史意义。由于这场论战,价值论成为日本经济学的中心课题。随着论战的深入,最终演变为关于唯物史观的论战,推动了日本马克思主义哲学的研究。

第二场论战是关于地租理论的论战,发生在1928年4月至1933年1月。这是一场马克思主义经济学的反对者与拥护者之间的论战,主要围绕马克思的级差地租理论展开。反对方以土方成美、二木保几等经济学家为代表。他们的论点主要有两个:一是认为马克思谈到市场价值时一般是由"平均原理"②决定的,而马克思谈到级差地租时却说农产品的市场价值是由"边际原理"③决定,这是矛盾的;二是认为如果农产品的市场价值是由"边际原理"决定,则由此而生的级差地租就属于"虚假的社会价值"④,难以看作剩余价值。拥护方由猪俣津南雄、栉田民藏、河上肇等马克思主义经济学者组成,他们认为,关

---

① 错误主要在于混淆了劳动和劳动力的概念。
② 此处指市场价值在平均条件下。
③ 此处指最劣等条件下的个别价值。
④ 参见土方成美1928年的文章《从地租论看马克思价值论的崩溃》。

于农产品的市场价值是由最劣等的条件下的个别价值决定这一问题，属于方法论上的由抽象到具体的分析方法，与市场价值在平均条件下决定并不矛盾。这场论战的观点在今日看来较为肤浅和片面，但是，当时正值马克思主义经济学进入日本不久，能有这种程度的认识，已属难能可贵。

第三场论战是"劳农派"和"讲座派"之间关于日本资本主义的论战。"一阶段革命论"与"二阶段革命论"之争愈演愈烈，为了证明自身学说的正确性，两派从经济学角度寻求理论支撑，而转向马克思主义经济学研究，使这场政治学论战转变为经济学论战，并形成了二战前两大日本马克思主义经济学派。

坚持"一阶段革命论"的堺利彦、山川均、猪俣津南雄、荒畑寒村、大森义太郎等学者于1927年创办了《劳农》杂志，此后还有铃木茂三郎、向坂逸郎、土屋乔雄等人加入，他们主要在《劳农》上发表文章，被称为"劳农派"。而坚持"二阶段革命论"的学者在日本共产党内占了主流，在野吕荣太郎的领导下，平野义太郎、山田盛太郎等学者于1932年出版了《日本资本主义发展史讲座》丛书[①]，以此作为理论阵地，学界将这些学者称为"讲座派"。

为了捍卫各自所持的战略论，"劳农派"和"讲座派"立足于马克思主义经济学，主要围绕明治维新及日本资本主义性质展开了论战。论战的焦点集中在三个方面：一是对现阶段日本资本主义的认识；二是日本农业的性质；三是对明治维新的性质和幕府末期日本经济发展阶段的认识。"劳农派"指出明治维新是不彻底的资产阶级革命，由此确立的政权具有较强的绝对主义性质，社会经济中也残留了很多封建因素。尽管如此，"劳农派"强调日本现阶段金融资本已占据统治作用，农业也基本

---

① 《日本资本主义发展史讲座》，共7卷，1932年5月至1933年8月出版。

实现了资本主义化。因此,"劳农派"主张社会条件已经具备,应立即进行社会主义革命。与之相对,"讲座派"强调日本资本主义存在封建残余,主要是半封建地主制的统治和以此为基础的绝对主义天皇制,资产阶级民主主义的革命任务尚未完成,明确提出应在资产阶级民主主义革命后再进行社会主义革命。

虽然"劳农派"和"讲座派"两派的观点针锋相对,但双方并非没有一致的地方,如两派都认识到了政权的绝对主义性质、日本资本主义经济中的封建因素等,双方学者并没有完全否认对方的主张。通过两派的论战,使关于日本资本主义的研究达到了一个很高的水平,为之后的研究奠定了重要基础,推动了日本马克思主义理论的研究上升到一个新的高度。

这一系列的论战使得日本马克思主义经济学界形成了百家争鸣的氛围,各种专题性质的研究所纷纷成立。随着年轻的马克思主义研究家和理论家的涌现,以及学成归国的学者和专家的激增,建立统一的研究机构势在必行。1929 年,在整合之前的产业劳动研究所、新兴科学社、国际文化研究所等团体的基础上,成立了无产阶级科学研究所,下设日本资本主义研究会等 14 个研究会,从而使日本的马克思主义经济学研究走上了专业细化而互相促进的道路。

3.5.3　日本的马克思主义哲学的突破

与一战前马克思主义的传播主要集中在科学社会主义的阶段不同,在两次世界大战之间,日本的马克思主义哲学实现了突破,有影响力的学者纷纷涌现,致力于马列著作的翻译和研究,将马克思主义哲学放到日本语境下进行解读,为后世的马克思主义哲学研究奠定了理论基础和研究基调。"劳农派"和"讲座派"的论战更是将马克思主义哲学的研究推向了一个高潮。改造社于 1928 年至 1935 年出齐了 27 卷本《马克思恩格斯全集》。1928年,河上肇等学者编著了13卷本《马克思主义讲座》,《列宁全集》《斯大林全集》《布哈林全集》也陆续出版。这一时期,日本马克思主义哲学研究的成果主要有以下七点。

第一,确立了马克思主义的哲学基础。"马克思主义的哲学基础"这一命题,早在1920年左右就由福本和夫和河上肇提及过,河上肇在他的《马克思主义经济学的基础理论》一书的"马克思主义的哲学基础"一章中对此有过较为详尽而确切的阐述。到了20世纪30年代,永田广志的《唯物辩证法讲话》(1933)及《唯物史观讲话》(1935)成为最早形成马克思主义哲学体系的著作。永田广志在《唯物史观讲话》的开头这样写道:"辩证唯物论及唯物史观是马克思主义的重要组成部分……马克思主义分为哲学、经济学和社会主义三大部分,这三个部分相互联系,密不可分,共同形成了一个整体的世界观——无产阶级的世界观。在哲学层面,马克思主义是唯物论,这一唯物论通过辩证法丰富了其内涵,与之前其他的唯物论不同,它在理解人类社会时也贯彻了唯物论的立场。换言之,马克思主义哲学既是辩证唯物论,又是唯物史观,这是它与其他唯物论的根本区别。在经济学层面,马克思基于劳动价值论揭露了资本主义的运动法则,在把握这一法则的基础上创立了科学社会主义理论。"[①]从而标志着日本马克思主义哲学界确认了辩证唯物论和唯物史观的重要地位,认识到马克思主义哲学作为社会变革的理论,唯物史观是其理论内核。

第二,确认了辩证唯物论不仅局限在社会领域,而是应用于更广义的自然领域(社会和思维),确认了自然辩证法的正确性。户坂润在《科学论》中,对卢卡奇、三木清的唯物史观主义和西田几多郎、田边元的主体—客体的辩证法进行批判的同

---

① 永田广志. 唯物史観講話[M]. 東京:白揚社,1946:3.

时，对自然辩证法进行了深刻阐述。户坂润认为自然辩证法是关于自然的最根本、最普遍的法则，自然辩证法是在自然科学的基础上对自然的认识。因此，自然辩证法"不仅是自然本身的辩证法，更是自然科学的辩证法，地球处在宇宙史的一定阶段，生物处在地球史的一定阶段，人类处在生物史的一定阶段，人类的意识、思维、精神基于物质自然而产生，与之相关的宇宙产生史、生命发展史、人类进化史应该用辩证法的眼光作为一个体系来看待，这是唯物论世界观不可或缺的部分，更是自然辩证法的主要课题之一"①。

第三，确立了唯物辩证法中最基础的概念——"物质的概念"。古在由重在《唯物论的一般准则》中，对物质和意识之间的关系进行了详细的研究。他立足于列宁的《唯物论与经验批判论》，借助自身丰富的哲学史知识，对唯物论的基本问题进行了细致而明确的说明。不足之处是该论文未能完成，对辩证法及唯物史观的叙述较为欠缺。户坂润在《现代唯物论讲话》中也对物质的哲学概念进行了论述，他认为，物质的哲学概念虽然是确定的，但必须以运动、发展的观点来看待物质，"物质是运动的，物质、存在都是辩证的"②。

第四，确认了列宁在马克思主义哲学中的地位，并在此基础上进行理论的展开。以永田广志等学者为中心，以无产阶级科学研究所为主要机构，对列宁的理论做了诸多研究。"辩证唯物主义认识论"和"辩证法、认识论、逻辑学的同一性"问题，作为列宁理论的重要论点之一，由永田广志在《唯物论研究》杂志上提出，船山信一在论文《关于辩证法、认识论、逻辑学的同一性》中对此予以回应。之后，永田广志、沼田秀乡、本

---

① 戸坂潤. 戸坂潤全集：第一卷[M]. 東京：勁草書房，1966: 210-211.
② 戸坂潤. 戸坂潤全集：第三卷[M]. 東京：勁草書房，1966: 230.

多修郎等学者对此展开了论战。通过这场论战,明确了认识论在马克思主义哲学中的重要地位,尤其明确了必须在认识论中贯彻辩证法,要在认识论的立场上从本质上把握辩证法。此外,还明确了必须以各种科学作为媒介,对辩证法、认识论、逻辑学的同一性进行具体的研究。不过,研究也有不足。列宁理论的另一个重要论点是哲学的党性原则。唯物论研究会的主流学者屡次对党性和科学性缺乏统一的把握,而导致对党性的认识较为主观,带有强烈的政治主义倾向。而关于理论和实践的统一问题,当时也没有得到充分的研究,由于正值日本共产党被残酷镇压时期,党内忙于解决政治问题,而忽视了对该问题的研究。

第五,在上述原则性的观点得到确认的基础上,深化了对辩证唯物论及唯物史观与科学之间关系的理解。福本和夫在《经济学批判的方法论》中,河上肇在《马克思主义经济学的基础入门》《资本论入门》中,都曾揭示出马克思主义经济学与马克思主义哲学密不可分的关系。在此基础上,日本马克思主义学界从辩证唯物主义认识论的观点出发,对马克思主义哲学和科学之间关系的研究更加深入。冈邦雄、石井友幸、原光雄等学者提出了以唯物辩证法研究自然科学和数学的关系这一方向。唯物论研究会集中了当时大多数的自然科学者,使唯物论研究会更加注重对唯物论的研究和普及。河上肇在马克思主义哲学基础上对经济学进行解读的方式被传承和发展。此外,对马克思主义哲学和科学之间关系的研究促进了对科学方法、科学分类、科学与社会的关系等方面的研究。

第六,在日本政府法西斯理论盛行之时,唯物论研究会的出现有很大意义。1932年,日本帝国主义在九一八事变后,向军国主义加速转变。在哲学层面,也从存在主义、新黑格尔主义转向非合理主义、民粹主义、法西斯主义。西田几多郎的西田哲学成为这种学术倾向的代表,他从反马克思主义的立场出发,通过《无的自觉限定》(1932)、《日本文化的问题》(1940)、《哲学论文集第四》等著作,以东方佛教思想为基础,提出所谓"绝对无的辩证法",将天皇诠释为"绝对无的存在",企图证明"太平洋战争"的合理性。唯物论研究会与这一倾向进行了积极的斗争,对非合理主义等学说进行了激烈的批判。其中,以户坂润的《日本思想意识论》和古在由重的《现代哲学》最具代表性,前者利用诠释学的方法对自由主义和民粹主义进行了批判,后者对帝国主义阶段的观念论哲学进行了总体批判,从而预示了法西斯主义的必然破产。此外,永田广志、秋泽修二等学者,组成了无神论同盟,通过对现代宗教的批判,捍卫了唯物论和无神论。其主要代表作有永田广志的《现代宗教批判讲话》(1935),秋泽修二的《无神论》(1935),严木胜的《佛教论》(1937),佐木秋夫的《宗教学说》(1937)等。户坂润的论文《京都学派的成立》《无之逻辑是逻辑吗?》和古在由重的论文《西田哲学的根本性格》都对西田哲学在内的"京都学派"进行了整体批判。

第七,进行了哲学史的研究。九一八事变爆发后,白色恐怖日益严重,日本的马克思主义学者的马克思主义研究受到了诸多限制和打压,迫使他们转向哲学史的研究。他们对日本的哲学思想,特别是唯物论思想史进行了详尽的研究。比较有代表性的是永田广志的三部曲《日本唯物论史》(1936)、《日本封建制思想意识》(1937)、《日本哲学思想史》(1938),三枝博音的《日本哲学观念论发展史》(1934)和鸟井博郎的《明治思想史》等。

遗憾的是,在1937年中日战争全面爆发后,马克思主义的书籍全面禁止发行,甚至阅读也是犯罪。马克思主义的研究陷入停滞,马克思主义的传播和普及也戛然而止。1938年11月,唯物论研究会的负责人户坂润被捕入狱,唯物论研究会的工作停顿,宣告马克思主义哲学的研究告一段落。直到二战结束,日本马克思主义进入了一个长达十年的空白期。

3.5.4 无产阶级立场的辞典和杂志的热潮

20 世纪 20 年代至 30 年代,从无产阶级立场出发,与经济学、社会科学相关的辞典集中涌现,如表 3-2 所示。这些辞典的出现,对马克思主义术语进行了较为准确的界定,推动了马克思主义的传播。

表 3-2 20 世纪 20 年代至 30 年代的无产阶级立场的辞典

辞典名	作者	出版社	时间
《社会问题辞典》	高畠素之	改造社	1925
《社会运动辞典》	田所辉明	白扬社	1928
《社会科学辞典》	杉森孝次郎	社会思想研究所	1925
《社会科学辞典》	社会思想研究所	改造社	1930
《经济学辞典(全6卷)》	大阪商科大学经济学研究所	岩波书店	1930－1932 年,1936 年出版增补版
《社会问题辞典》	岛中雄三	平凡社	1933
《经济学辞典》	塚本三吉	改造社	1934
《社会科学辞典》	森户辰男	非凡阁	1934

注:根据大田和宽.1920 年代におけるマルクス主義の受容と社会科学文献[J].大原社会問題研究所雑誌,2010(617).绘制

20 世纪 20 年代,受大正民主运动的影响,日本迎来了杂志出版的高潮。一些社会主义者创办的杂志和社会主义团体的机关志相继涌现。这些杂志还推出《帝国主义研究》《马克思主义全解说》《日本社会主义运动史》等专刊,集中刊登论述马克思主义的重要文章,为普罗大众认识马克思主义提供了重要窗口。这一时期,社会主义者创办的杂志和社会主义团体的机关

志如表 3-3。

表 3-3 20 世纪 20 年代社会主义者创办的杂志和社会主义团体的机关志

杂志名	创办人或团体	创办时间
《社会问题研究》	河上肇	1919
《解放》	黎明会	1919
《社会政策时报》	协调会	1920
《先驱》机关志	新人会	1920
《同胞》	新人会	1920
《民粹》	新人会	1921
《社会思想》	新人会 OB	1922
《建设者》机关志	建设者同盟	1922
《大原社会问题研究所杂志》	大原社会问题研究所	1923
《前进》	福田狂二	1923
《马克思主义》	马克思协会	1924
《社会主义研究》	日本费边主义协会	1924
《产业劳动调查时报》	产业劳动调查所	1925
《社会科学》	改造社	1926
《大众》	铃木茂三郎	1926
《劳农》	山川均	1927
《政治批判》	山川均	1927
《社会科学研究》	日本评论社	1927
《马克思主义旗帜下》	福本和夫	1927
《新兴科学旗帜下》	福本和夫	1928
《无产阶级科学》	无产阶级科学研究所	1929

注：根据大田和宽.1920 年代におけるマルクス主義の受容と社会科学文献[J]. 大原社会問題研究所雑誌, 2010(617). 绘制

第四章 二战结束前马克思主义在日本传播的理论轨迹及内在逻辑

马克思主义哲学、马克思主义经济学和科学社会主义，是马克思主义理论体系不可分割的三个主要组成部分。这三大组成部分有着紧密的内在联系。马克思、恩格斯为了研究无产阶级和人类解放这一主题，以马克思主义哲学为起点，以马克思主义经济学为中介，以科学社会主义为终点。起点、中介、终点这三者是紧密相关、互相联系的。马克思主义哲学和马克思主义经济学是科学社会主义必备的两大理论前提，而科学社会主义是马克思主义理论体系的核心。

与其他国家马克思主义理论的传播顺序相似，日本的马克思主义的传播同样遵循着首先导入科学社会主义理论、其次导入马克思主义经济学、最后才认识到马克思主义的哲学基础这一规律。[①]以下，从科学社会主义、马克思主义经济学、马克思主义哲学三个方面对马克思主义不同理论传播阶段的代表人物及其学说进行总结，基本可以反映二战结束前传播的日本马克思主义理论的基本面貌。

---

① 黄楠森，庄福龄，林利，等. 马克思主义哲学史[M]. 北京：北京出版社，1996：596.

第一节　科学社会主义的最先导入

从明治维新到一战之前，马克思主义在日本传播的主流是科学社会主义，这与日本当时的社会主义思潮密切相关。社会主义最初是作为民主主义引进日本的，主要是来自欧美的社会主义思想，当然其中也包含了科学社会主义思想。而随着社会主义运动和工人运动的推进，社会主义者愈发发现了科学社会主义相较于其他社会主义思想的优越性和现实性。科学社会主义思想经过与空想社会主义、基督教社会主义、无政府主义的竞争，终于显露了出来，并得到传播和普及。科学社会主义先于马克思主义经济学和哲学在日本生根的另一个原因还在于，相比后两种思想，科学社会主义可以直接服务于社会主义运动和工人运动的实践，加之不像后两种思想那样抽象，理论难度低，更利于被大众接受、掌握，从而成为马克思主义在日本传播的首选。以下主要阐述这一时期的代表人物幸德秋水、片山潜、堺利彦的理论观点和贡献。之所以选择他们，是由于他们之前的学者，如安部矶雄、西川光二郎等虽然也编著了相当数量的社会主义著作，但他们并没有将科学社会主义作为自己的立场和主要内容，也没有真正理解科学社会主义的内涵，如西川光二郎还将马克思作为人道主义之父进行介绍。因此他们的思想对马克思主义的传播只起到了思想的铺垫和先导作用，在幸德秋水之后，科学社会主义才真正得到了传播。

4.1.1　幸德秋水对"科学社会主义"的启蒙

幸德秋水是日本早期社会主义运动的先驱之一。最初，在中江兆民的影响下，参加了"自由民权运动"，成为一名民主主义者。中日甲午战争后，在日本工人运动的推动下，他接触到社会主义思想，并与片山潜等人创建了社会民主党，成为一名社会主义者，并逐渐对马克思主义有了一定程度的理解。

幸德秋水的处女作是《二十世纪之怪物帝国主义》，该书比列宁的《帝国主义论》早15年，在日俄战争爆发的3年前出版，成为反帝和反战斗争的先驱。该书以"帝国主义以所谓爱国心为经，以军国主义为纬"①开头，分"爱国心""军国主义""帝国主义"三章对帝国主义进行了分析和无情批判。他在"结论"一章中，指出要清除帝国主义这一毒瘤，其中"一大清除法"只能依靠革命，并明确阐述了建立社会主义制度的必要性。该书写于战争爆发的前夕，在准确把握日本社会现象的基础上，尖锐地揭露了帝国主义的罪恶，在主张反帝、反战层面有十分积极的意义，并较为准确地阐明了日本帝国主义的特性，即在资本有机构成较为低下的背景下疯狂发展军事工业。不足之处在于，该书将帝国主义的主要成因归结于"虚荣""动物的天性"等心理因素，并将罗马帝国与20世纪的帝国主义相提并论，反映了幸德秋水对唯物史观的理解仍显欠缺，虽然指出建立社会主义制度是消灭帝国主义的良策，但没有明确其推行的基本条件。此外，该书作为阐述帝国主义论的著作，在理论性上也存在着不足。尽管如此，该书对幸德秋水本人的理论道路产生了重要的影响，在该书完成不久，他转变成了社会主义者。

1903年，已经成为社会主义者的幸德秋水出版了《社会主义神髓》一书，该书在1905年已重印7版，在群众中流传极广，代表了当时社会主义理论研究的最高水平，在第二次世界大战结束后又出了4种版本。该书在总体上把握了科学社会主义的主要思想，在日本社会主义文献史上具有划时代的意义，

---

① 大原慧等. 日本社会主义文献解说[M]. 東京：大月書店，1958：51.

成为科学社会主义的启蒙书籍,对科学社会主义的传播产生了十分积极的作用。

《社会主义神髓》共分 7 章。在第 1 章"绪论"中,在高度赞扬产业革命后生产力的飞跃和近代文明的发达的同时,指出了贫困等社会矛盾的出现。第 2 章探究了"贫困的原因",指出"近来财富的分配越发向一方集中,贫富差距悬殊"的原因是生产资料被少数资本家和地主所垄断。解决这一问题的方法就是将生产资料移交给社会人民公有,"这就是'科学的社会主义'的根本精神"①。在第 3 章"产业制度的进化"中,从马克思的唯物史观的公式②出发,概括了原始社会、奴隶社会、封建社会、资本主义社会的发展过程,论证了现在的社会制度不会永存。资本主义社会的特质是劳资的对立、斗争,以及由生产的无政府状态导致危机的周期性爆发和产业预备军的产生。在此基础上,资本的急速集中,最终导致社会生产与资本家所有制之间的矛盾。在第 4 章"社会主义的主张"中,指出要解决资本积累带来的危害,应该实行社会主义,并以美国伊利教授的学说为基础,指出了社会主义的 4 个基本原则,即"物质生产资料归公有;生产的公营;社会收入的公平分配;社会收入的大部分归个人私有"③。在第 5 章"社会主义的效果"中,反驳了对社会主义的非难和误解,尖锐地抨击了帝国主义,强调了民主主义和世界和平。在第 6 章"社会主义运动"中,论述了国家权力和社会主义的关系,并论述了实现社会主义社会的具体方案,主张实行普遍选举下的"议会主义革命"。在第 7 章"结论"中,主张通过社会主义革命实现真理、正义、人道的社会,实

---

① 幸德秋水. 社会主义神髓[M]. 马采, 译. 北京: 商务印书馆, 2012: 11.

② 此处指《〈政治经济学批判〉序言》中的公式,参见中共中央编译局. 马克思恩格斯文集: 第二卷[M]. 北京: 人民出版社, 2009: 588-594.

③ 幸德秋水. 社会主义神髓[M]. 马采, 译. 北京: 商务印书馆, 2012: 234.

现博爱、自由、平等，实现进步、和平、幸福。

《社会主义神髓》以《资本论》第1卷的英译本和《共产党宣言》《社会主义从空想到科学的发展》为参考，试图将"空想社会主义"和"科学社会主义"区分开来，较为准确地阐述了科学社会主义的基本观点，并试图在唯物史观①的基础上把握资本主义社会的基本矛盾。但是，幸德秋水对社会发展的推动力是生产力和生产关系的矛盾，以及人类历史是阶级斗争的历史这几点缺乏正确的认识。与当时许多社会主义者一样，幸德秋水的社会主义理论仍显欠缺，他对剩余价值论等马克思主义经济理论的理解还很浅显，对工人阶级作为一个革命阶级的任务还认识不足。因此，对于实现社会主义，他号召的对象不是无产阶级，而是空泛的"志士、仁人"，对于革命的动力还没有形成正确的认识。

尽管如此，《社会主义神髓》第一次比较系统地阐述了社会主义理论尤其是科学社会主义，最早涉及了马克思经济理论，作为一本社会主义尤其是科学社会主义的启蒙著作，对马克思主义的传播起了重要的推动作用。

但是，之后幸德秋水偏离了社会主义者的正常轨道，没有变成一名马克思主义者，而是变成了一名无政府主义者，并最终因矛头直指天皇的"直接行动论"将自己送入了悲剧的人生。

4.1.2 片山潜的"社会主义革命论"

片山潜是日本社会主义运动的先驱，是一名国际共产主义者。他的社会主义思想不仅启蒙和指导了日本本国的工人阶级，还对中国在内的亚洲各国的无产阶级产生过深远的影响。片山潜与共产国际的联系十分紧密，于1921年成为共产国际的执

---

① 在《社会主义神髓》中，幸德秋水实际上将唯物史观等同于进化论。

行委员，并受到了死后埋葬于莫斯科红场的崇高礼遇。

片山潜在组建工会、领导工人运动和社会主义运动、创建社会主义政党和日本共产党方面，做了大量领导和组织工作。他为宣传社会主义写了许多文章和著作，最著名的是《日本的劳动运动》和《我的社会主义》。

片山潜最初的思想深受美国伊利教授的影响，从而成了一名基督教社会主义的信仰者，同时他对拉萨尔主义较为欣赏，称自己为"东方的拉萨尔"。在1917年十月革命后，片山潜的思想发生了巨大转变，通过阅读列宁的《国家与革命》等著作，对马克思主义的国家观和无产阶级专政学说有了新的认识，从而从一个基督教社会主义者转变为一个马克思主义者。《日本的劳动运动》和《我的社会主义》的创作时期，正值片山潜由基督教社会主义者向马克思主义者转变的过程中，此时他还未完全掌握科学社会主义的内涵。

《日本的劳动运动》①从1881年成立的自由党的"社会改良运动"起笔，时间跨至1901年。从"工人运动""各工人团体的组织""工人教育的机构""经济的工人团体"4个篇章，站在无产阶级的立场，对劳动组合期成同盟会、铁工组合、日铁矫正会等工会组织的成立和发展做了详尽介绍，并在"结论"一章中，介绍了各国工人运动的现状，论述了社会主义的必然性。尽管片山潜在书中将"政治运动"作为社会主义的实现方式，但该书仍不失为一本了解当时工人运动的重要文献。

《我的社会主义》是片山潜在不断总结指导工人运动的实践经验基础上写出的理论著作，全书由30章组成。从第1章至第16章，对资本主义社会的形成、发展和崩溃进行了理论分析，对资本家对无产阶级的压榨进行了猛烈抨击。第17章至第27

---

① 日语中的"勞働運動"即中文的"工人运动"，此处采用了学界通用的中文译法。

章，论述了社会主义社会相较于资本主义社会在经济、社会、文化、政治等方面的优越性，明确阐述了无产阶级如何从现在的状态中解放出来。在第 28 章，对资本主义社会向社会主义社会的转化进行了论述。在这一章中，片山潜将这种转化方式定义为"社会主义革命"，而"社会主义革命"是"通过同盟罢工（特别是政治性的罢工）而进行斗争"①，这与幸德秋水在《社会主义神髓》中主张的"议会主义革命"相比，更具有阶级斗争的特性，这与片山潜长期领导、参与工人运动的实践有很大关系。在第 29 章，在对工人阶级的历史使命进行论述的同时，还阐述了对不付工人报酬的资本家"无偿征收其资本（生产资料）"的正当性，并将"社会主义的理想"定义为"人类的理想"。

《我的社会主义》体现了片山潜的无产阶级立场和马克思主义唯物史观，与幸德秋水的《社会主义神髓》并称日本社会主义理论的"双璧"。在书中，片山潜通过论述资本主义发展史，对比了资本家的奢侈生活和工人阶级的贫困，体现了资本主义制度下，资产阶级和无产阶级的阶级矛盾。在此基础上，片山潜强调了社会主义在政治、经济、文化等层面的优越性，并指出了资本主义必然灭亡，社会主义必然胜利的客观规律。尤其是片山潜在书中阐述的"社会主义革命"的观点，强调了工人阶级在社会主义革命中肩负的历史使命，反映出他已经认识到无产阶级的阶级斗争是推动历史前进的动力。这一点较之《社会主义神髓》是很大的进步。在《社会主义神髓》中，将由社会主义者组成的社会党作为埋葬资本主义制度的主体，认为随着社会主义思想的传播，社会舆论就会导向社会党这边，而议会中社会主义者也会增多，从而掌握政治机关，资本主义就会和平过渡到社会主义。片山潜通过多年领导工人运动的实践，

---

① 岸本英太郎. 片山潜·田添鉄二集[M]. 東京：青木書店，1955: 120-121.

深刻认识到通过议会斗争方式和平过渡到社会主义的不可能性。因此，片山潜所主张的"社会主义革命"更具有革命性，对革命主体的认识也更深刻。当然，书中也有不少错误，如将"资本"等同于"生产资料"，将"剩余价值"看作"剩余价格"，将小生产者合作社看作社会主义的实践，将马克思的社会发展理论与进化论相混淆，尚未完全摆脱基督教社会主义和拉萨尔的影响等，但这并不能抹杀该书对传播科学社会主义的重要意义。

在天皇政府对社会主义运动的残酷镇压下，片山潜的"社会主义革命"论所透露出的阶级斗争性也逐渐弱化，走向了以"议会政策"为主要手段的社会民主主义。在社会主义思潮进入"寒冬"后，对前景感到绝望的片山潜流亡美国。直到1917年后，他彻底告别了社会民主主义思想，投入到日本共产党的创建和党纲的制定中，为国际共产主义运动做出了杰出贡献。

4.1.3 堺利彦的翻译贡献及《社会主义纲要》

堺利彦是日本社会主义运动的领导者，被誉为"社会主义运动之父"[①]。他的主要贡献是对马克思主义经典著作的翻译、介绍和出版，为马克思主义的传播和普及创造了重要条件。

1905年，堺利彦独立创办了日本第一个社会主义专业性研究刊物——《社会主义研究》，将其作为自己介绍、研究科学社会主义理论的阵地。他的成果分5期于1906年在《社会主义研究》上发表。在第1期上，刊登了堺利彦独立翻译的《共产党宣言》，这是日本历史上第一个完整的日文版《共产党宣言》。与1904年他与幸德秋水合译的版本相比，增加了第3章"社会主义的和共产主义的文献"。当然，这里面的译法与现在的译法

[①] 黄楠森，庄福龄，林利. 马克思主义哲学史[M]. 北京：北京出版社，1996: 595.

有一定出入，在准确性上稍有欠缺。例如，将"bourgeoisie"译为"紳士閥"①，将"proletariat"译为"労働者"②等。在第2期介绍了无政府主义研究。在第3期，介绍了社会主义者和社会主义的发展历程。在第4期，刊登了恩格斯的《社会主义从空想到科学的发展》的日译，该译文除第1章外，全部由堺利彦独立完成。第5期介绍了第二国际内部的诸多潮流。虽然仅出版了5期，但堺利彦的社会主义研究为明治时期的社会主义研究指明了方向。

马克思主义的三大经典著作被堺利彦完成了两部。堺利彦在因"赤旗事件"入狱后，在狱中着手实施剩余的一部《资本论》的日译。出狱后，他委托高畠素之最终完成。

1907年，堺利彦和森近运平合作出版了《社会主义纲要》一书，该书与《社会主义神髓》和《我的社会主义》一起，代表了明治时期社会主义研究的最高理论水平。全书共分11章，对社会的经济基础和生产方式的变迁做了说明，从马克思主义的观点和方法出发，阐述了对"物"的使用价值和价值、劳动力商品、价值与价格、不变资本、可变资本、剩余价值的范畴界定、剩余价值的源泉等概念的理解，从而阐明了经济危机和斗争的必要性，并多方面批判了资本主义社会，论述了社会主义社会对于现阶段的日本的优越性。最后介绍了当时社会主义运动的潮流。从本书可以发现，当时的马克思主义理论主要作为批判社会体制的理论武器，因而在日本扎下根来，得到了推广和传播。《社会主义纲要》与前两部社会主义著作相比，加深了对马克思主义的理解，将明治时期的社会主义研究推向了一个新的高度。

---

① 即现在日译的"資産家階級"，中文译的"资产阶级"。
② 即现在日译的"無産階級"，中文译的"无产阶级"。

1922年，堺利彦参与创立了日本共产党，并担任日共第一代委员长，致力于马克思主义思想的启蒙运动，但1923年即被判入狱。遗憾的是，出狱后的堺利彦脱离了日本共产党，立场也由马克思主义者转变为了社会民主主义左派。

第二节　日本马克思主义经济学的主要学派及其思想

一战前，幸德秋水、片山潜、堺利彦等人的著作中已经涉及了马克思主义的经济思想，但不系统。一战后，伴随着日本共产党的建立和无产阶级运动的深化，马克思主义的传播向更深层的领域推进。如果说一战前是对马克思主义经济思想浅层次的引进，那么一战后就是从散见的马克思主义经济思想升华为马克思主义经济学。这一时期的马克思主义经济学是在论战中得以深化发展的。这种论战除了马克思主义经济学与近代经济学之间的论战，还有马克思经济学界内部由于政治理论不同而引发的论战。这些论战最终形成了二战结束前马克思主义经济学界的两大学派——"讲座派"和"劳农派"。

以下，主要按照"讲座派"和"劳农派"，以及马克思主义经济学的代表人物河上肇、福本和夫的分类来阐述二战结束前马克思主义经济学的理论观点。当然，这些学者的马克思主义经济学研究往往运用马克思主义哲学的立场和方法，但本节的重点主要在马克思主义经济学层面，马克思主义哲学将在下节重点论述。

4.2.1 "讲座派"对日本资本主义封建残余的剖析

"讲座派"是二战结束前日本马克思主义经济学界两大学派之一,它的理论与日本共产党(以下简称"日共")纲领①的制定关系非常密切,其经济理论主要是为日共的纲领尤其是"二阶段革命论"提供理论支撑,其代表人物的经济理论一度成为日共的主流思想。因此,他的经济理论的形成与日共的政治运动交织在一起,为日本马克思主义经济学的理论研究和传播做出了重要贡献。此处主要从"讲座派三太郎"——野吕荣太郎、山田盛太郎、平野义太郎的研究出发来阐述"讲座派"对传播马克思主义经济学的主要贡献。

野吕荣太郎是日本著名的马克思主义经济学家,是日本共产党的理论指导者之一,并于1933年就任委员长,领导党的运动。野吕荣太郎的代表作是《日本资本主义发达史》,由于该书对马克思主义理论的新贡献,野吕荣太郎一跃成为日本共产党重要的理论指导者之一。《日本资本主义发达史》源于野吕荣太郎的毕业论文,该书在深刻理解《资本论》的基础上,精确地阐明了各历史阶段的本质属性,并将各历史阶段的各种矛盾的变化发展作为历史发展的动力。他对明治维新后日本的工业革命及其对日本社会的影响进行了深刻的分析,认为:"日本的工业革命以明治维新带来的社会和政治的变革为基础,对新生产技术和新经济组织的引进较为弱化,工业革命主要依靠政治权力推进,犹如温室中的花朵。日本推进工业革命时,世界资本主义已经达到了自由资本主义发展的顶点,正向着帝国主义的垄断资本主义发展。因此,带来的必然结果是,日本还没有完成对封建生产方式的扬弃,就急切地采用了高度发达的资本主

---

① 这里指《日本共产党纲领草案》《二七年纲领》《三二年纲领》。

义生产方式，从而导致了各产业间、各企业间难以调和的生产方式的不均衡乃至对立。因此，工业革命一方面是促进我国资本主义快速发展的条件之一，另一方面又是导致我国资本主义急速没落的原因之一。"①并且，"高度发达的垄断资本主义与低级的半封建农业社会的残余之间，蕴藏着日本资本主义根本的致命的矛盾，加速了产业的不平衡性"②。该书体现了野吕荣太郎对日本资本主义发展过程中封建残余的重视，体现了"讲座派"的基本观点，可以看作"讲座派"主张的"二阶段革命论"的理论依据。

野吕荣太郎在《社会问题讲座》发表的第二篇论文，成为《二七年纲领》发表之前关于日本资本主义的划时代性的研究成果。在文中，他指出："明治维新不仅是王政复古，更是以资本家和转变为资本家的地主为主导的强有力的社会变革。"③同时，他也指出："明治维新没有带来农业技术上的革命性变革……因此，明治以后的农业经营依然是封建的小农经营，只是日益集约化而已。……农业具有特殊性，在我国资本主义发展及变革的过程中，农业尤为重要。"④这一论断引起了马克思主义经济学界对农业和农民问题的重视，并在 1928 年演变为了关于"地租"理论的论战，间接加深了刚进入日本不久的马克思主义经济学的理论深度。

野吕荣太郎在临近生命的终点前，依然致力于马克思主义经济学的推广工作。1932 年，在他的策划下，集结了山田盛太郎、平野义太郎、服部之总等党内外优秀马克思主义理论家，编辑了《日本资本主义发达史讲座》。

---

① 大原慧等. 日本社会主義文献解説[M]. 東京：大月書店，1958：178.
② 小山弘健. 日本マルクス主義史概説[M]. 東京：芳賀書店，1970：145.
③ 野呂栄太郎. 日本資本主義発達史[M]. 東京：鉄塔書院，1932：39.
④ 野呂栄太郎. 日本資本主義発達史[M]. 東京：鉄塔書院，1932：47.

山田盛太郎的研究以《资本论》第2卷第3篇的再生产图式及对日本资本主义分析的应用为中心。①。他的代表作是《日本资本主义分析》。在书中，山田盛太郎通过分析中日甲午战争和日俄战争时期产业资本的形成过程，指出日本资本主义是一种军事的、半农奴制的资本主义，具有与欧美各国资本主义截然不同的性质。在《日本资本主义发达史讲座》中，山田盛太郎的这种思想更加深化。他基于"将再生产理论具体运用到日本资本主义"②这一独特的方法，展开了对农业论、资本主义结构论的论述，认为日本资本主义是一种资本制和封建制相互制约，建立在封建制农业基础上的资本制工业与封建制农业相互强化的"特殊型"资本主义。山田盛太郎的研究对于吸引学者们关注日本资本主义的特殊性具有非常积极的作用。

平野义太郎曾作为"讲座派"的代表参与了与"劳农派"的论战，《日本资本主义社会的机构》是他参与论战的集大成作。该书共分4章，阐述了明治维新后的阶级分化、资产阶级民主主义运动史和明治政府的政治支配形态。平野义太郎的观点代表了"讲座派"的典型观点，他与"劳农派"的论战也推动了马克思主义经济学研究的深入。

作为"讲座派"集体智慧的结晶，《日本资本主义发达史讲座》的意义非同寻常。该书以《三二年纲领》为基调，收录了"讲座派"与"劳农派"论战中的主要论文，以及"讲座派"的代表性文章，该书内容庞大，涉及幕府末期到二战结束前的政治史、经济史、农民运动史、工人运动史、民族运动史等多方面内容，对日本的资本主义发展进行了详尽、深入的研究，这些研究使得日本的马克思主义者明确了日本的马克思主义发展

---

① 张忠任. 马克思主义经济思想史[M]. 北京：东方出版中心，2006: 54.
② 小山弘健. 日本マルクス主義史概説[M]. 東京：芳賀書店，1970: 145.

所具有的特殊性。在这之后，日本的马克思主义经济学界始终重视对日本资本主义的分析。可以说，《日本资本主义发达史讲座》为这种强调特殊性的、务实的分析方式奠定了基调。通过这部著作，日本天皇制是绝对君主体制，日本资本主义具有半封建性成为日本马克思主义经济学界的共识。该书代表了二战结束前"讲座派"的最高理论水平，也反映了日本马克思主义经济学研究在二战结束前已达到较高的水平。时至今日，它依然受到日本马克思主义经济学者的重视，更是"讲座派"的经典著作。

4.2.2 河上肇马克思主义哲学和马克思主义经济学的结合

河上肇是日本马克思主义发展史中一个不可逾越的人物，也是日本马克思主义经济学领域一个里程碑式的人物。他开创了日本马克思主义经济研究的第一步，对其后的学者有着深刻的影响。

河上肇最初研究的是资产阶级经济学，并出版了《贫乏物语》，从经济学角度探讨贫困问题。书中虽涉及了马克思主义经济学的内容，但主要依据的观点依然来自资产阶级经济学。而且在论述如何解决贫困问题时，正如河上肇所言"站在孔子的立场论述富与俭"[①]，贯彻的是儒学的伦理主义立场。因此，河上肇认为要解决贫困问题，需要富人放弃奢侈的生活。这种通过道德要求解决社会问题的方式显然难以令人信服。不久，《贫乏物语》就遭到了栉田民藏的批判，促使河上肇认识到自身立场的局限性，该书成为他迅速走向马克思主义的转折点。1929年河上肇又写了《第二贫乏物语》，完全放弃了《贫乏物语》中

---

① 大原慧等. 日本社会主義文献解説[M]. 東京：大月書店，1958: 99.

的观点。他认为，资本主义社会存在的贫富差别，是资本主义内在的基本矛盾导致的必然结果；随着资本主义生产方式的发展，其矛盾也必然发展，这势必产生资本主义的掘墓人，资本主义向社会主义的过渡是历史的必然，只有这种过渡才能根治资本主义所造成的贫困。这说明河上肇此时已经完全站在无产阶级立场上了。

1919年，河上肇开始进行《资本论》的研究，并创办了个人杂志《社会问题研究》，为马克思主义的宣传和普及做出了重要贡献。在其创刊号上，河上肇写道："我对资产阶级经济学日益感到绝望，想专心致志学习马克思的经济学"，标志着河上肇走向了马克思主义。不过，河上肇刚开始研究《资本论》时，仅从经济学角度出发，缺乏马克思主义唯物史观的基础，导致研究无法深入。在接受了栉田民藏和福本和夫的批判后，河上肇悉心研究黑格尔的辩证法和马克思的《德意志意识形态》等著作，于1926年对自己进行了"自我清算"[①]，表明自己基本上掌握了马克思主义哲学。

因此，河上肇对《资本论》的研究是对马克思主义经济学和哲学的共同突破。关于他的哲学贡献，下一节会具体阐述，本节主要阐述他的经济学贡献。河上肇一生著作颇丰，他的马克思主义经济学理论贡献更是难以一一列举，他的著述集中收录在《河上肇全集》中，共36卷。较为有影响力的经济学代表作有：《资本论入门》《马克思主义经济学》《经济学大纲》《第二贫乏物语》《马克思主义经济学的基础理论》等。这些经济学著作的写作，与河上肇翻译《资本论》的工作交织在一起，对马克思主义经济学，尤其是《资本论》的研究和普及做出了巨

---

① 源于河上肇在1926年发表的《关于唯物史观的自我清算——改正过去发表的见解和谬误，兼答福本和夫的批评》。

大贡献，其影响不仅限于日本国内，还被译成中文，对中国马克思主义的研究和传播产生了深远影响。

4.2.3 "劳农派"的理论观点及贡献

"劳农派"是与"讲座派"并立的二战结束前另一大马克思主义经济学派，作为一个由非共产党党员、非共产国际成员组成的政党，两派的论战对马克思主义经济学树立在日本学术界的理论地位起了决定性的作用。这里，主要论述"劳农派"代表人物栉田民藏、猪俣津南雄、向坂逸郎对马克思主义经济学的贡献。

栉田民藏对马克思主义经济学的贡献与河上肇密不可分，作为河上肇的学生，他对河上肇理论观点的批判，直接促使河上肇从单纯的经济学研究方式转向经济学和哲学相结合的研究方式。此外，他在大原社会问题研究所专注于马克思主义经济学的价值论的研究，并就价值论与高田保马和小泉信三等学者展开了论战，从而将马克思主义经济学研究提升到了国际水平。1930年后，栉田民藏专注于地租理论的研究，代表作是《关于我国地租的特质》一文，提出了"我国（日本）地租既非封建地租，也非资本家地租，而是前资本主义地租"①的观点，从而与"讲座派"展开了激烈的论战，深化了学界对马克思主义经济学的地租理论的研究。

猪俣津南雄由于精通英、德、俄三种语言，对他研究马克思主义理论非常有利。1925年出版了处女作《金融资本论》，该书大部分根据希法亭的《金融资本论》编译而成，但对马克思主义经济学研究提出了一种新的尝试。那就是除了《资本论》之外，理解金融资本，对理解现代资本主义大有裨益。1927—

---

① 栉田民藏. 大原社会问题研究所杂志第8卷[M]. 東京：改造社，1950.

1929年，猪俣津南雄致力于就"革命战略论"与"讲座派"展开论战，他的观点代表了"劳农派"对日本资本主义的主要观点。猪俣津南雄认为日本资产阶级在明治二十年代已取得议会选举权，其后经过30余年的斗争确立了政党内阁主义，从而掌握了实权。而最近的选举又意味着资本家阶级对地主阶级、官僚、军阀阶级的绝对性胜利，因此封建的绝对主义势力已经失去了阶级基础，无法形成统一的势力，从而成为"劳农派"坚持"一阶段革命论"的主要依据。

1929年，离开《劳农》的猪俣津南雄，退出政治战线转向经济研究。他致力于日本经济和生产结构的内部分析，成果卓越，写出了《日本的垄断资本主义》（1931）、《恐慌下的日本资本主义》等，以实证的论证方法，对1927年金融危机后的日本资本主义进行了具体的论述。之后，猪俣津南雄专注于经济学领域的理论活动，著有《钱的经济学》《远东的帝国主义》《通货膨胀的基础理论》《货币、信用及通货膨胀》等著作，并指出："世界资本主义进入了金本位崩溃的新阶段，对于这一现象值得理论研究。这是阐明1930年后资本主义的宝贵遗产。"[①] 这种研究在二战结束前的马克思主义经济学界凤毛麟角，从而开辟了马克思主义研究的新视角和新境界。

与很多学者要通过英译本和日译本的《资本论》来理解马克思主义经济学不同，向坂逸郎精通德语，通过阅读马克思主义相关原著，他基本确立了马克思主义的世界观。

由于精通德语，向坂逸郎为马克思主义经典著作的翻译和推广做出了重要的贡献。二战结束前，他作为指导者参与了日文版《马克思恩格斯全集》的编写和翻译工作，完成了世界上最早的《马克思恩格斯全集》刊行。二战后，向坂逸郎翻译、

[①] 玉城素. 猪俣津南雄における「マルクス主義」[J]. 思想の科学，1996（5）.

出版了《资本论》《共产党宣言》等书的日译本，并在学生和其他学者的协助下，完成了《马克思恩格斯选集》这一巨著。

除了译作，向坂逸郎的著述也颇丰。他曾参与撰写了《资本论体系》和《马克思主义经济学的发展》。尤其是《资本论体系》这部著作，共分3卷，向坂逸郎独立承担了上卷70%和整个下卷的编写任务，与栉田民藏、山田盛太郎共同完成了对《资本论》第1至3卷的解说。这部《资本论体系》的研究水平，不仅远超堺利彦和山川均等的认识，甚至被认为比河上肇更准确[①]，为日本马克思主义学界更深刻地理解《资本论》提供了重要参考。

此外，向坂逸郎还为马克思主义文献的搜集做出了独特的贡献。他利用在德国留学期间通货膨胀、马克贬值之机，购入大量马克思主义相关珍贵文献，之后尽毕生之力持续收集，并于死后全部捐赠给大原社会问题研究所，为后来的马克思主义学者提供了宝贵的研究资料。

4.2.4 福本和夫对马克思经济学方法论的研究

福本和夫不仅是日本共产党的领导者，还是一位出色的马克思主义经济学家，他的经济学贡献主要是对马克思经济学方法论的研究。

福本和夫为了阐明《资本论》方法的基本构造，试图对马克思的经济学方法论进行解释。他将马克思从具体到抽象，再从抽象到具体的经济学方法命名为"向下—向上法"，具体过程如图4-1所示。这种方法较为形象地解释了抽象和具体的联系，但是从具体到抽象是研究方法，而从抽象到具体是阐述方法，对于两者的这一区别，福本的认识还没有达到一定的高度。当然，与其说这是一种经济学方法论，不如说它是马克思对唯物

---

① 张忠任. 马克思主义经济思想史[M]. 北京：东方出版中心，2006：84.

论辩证法的应用,对于它的哲学意义将在下一节叙述"福本主义"的哲学贡献时具体展开。

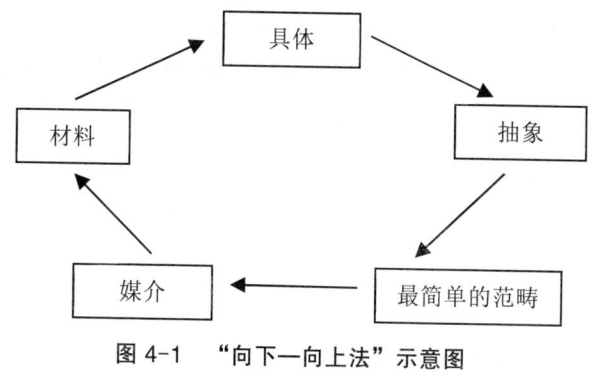

图 4-1 "向下—向上法"示意图

注:参照福本和夫. 経済学批判のために[M]. 東京:改造社, 1928: 80. 绘制

福本和夫还将"向下—向上法"演绎到资本主义发展上,在简单商品经济基础上导出了资本主义的历史过程,并用这种抽象的推导方式来认识日本资本主义的现状,由此得出了日本资本主义已经走向衰亡的结论。这种方法忽视了日本资本主义的特殊性和具体性,从而招致了渡边宽等学者对福本和夫的这种体系的批判。

尽管福本和夫的这种研究方法存在各种谬误,但这种方法论的研究唤起了学者从整体上把握《资本论》乃至马克思主义经济学的意识,并在与福本的论战中使学界对马克思主义经济学的研究又上升了一个高度。

第三节 马克思主义哲学的代表人物及其思想

以幸德秋水、片山潜、堺利彦等为代表的早期社会主义者虽然未能自觉地从哲学角度传播马克思主义哲学，但其论著和实践活动较为正确地体现了马克思主义唯物史观的基本观点，为之后的学者研究马克思主义哲学奠定了基础。

一战后，许多学者在进行马克思主义经济学研究的同时，认识到单纯依靠经济学难以将研究深入下去，需要借助唯物论、辩证法等哲学理论，推动马克思主义经济学和哲学的结合与相互促进。例如，河上肇是站在马克思主义唯物史观角度研究《资本论》，更加深刻、更加准确地理解了《资本论》；而野吕荣太郎在《日本资本主义发达史》中，第一次采用"辩证唯物论"分析日本的资本主义，突破了传统的、公式性的唯物史观分析法的藩篱，从"内在各矛盾的扩张再生产"[①]这一辩证法视角，论述了从日本封建制的建立到幕藩体制的矛盾和瓦解、明治维新的变革再到工业革命与产业资本的确立过程，揭示了日本资本主义的产生、发展和其结构的特质。这种普遍性和特殊性相统一的方法，使他以基本矛盾的展开为主线，阐明了各种具体的发展形态，又通过特殊性验证了普遍性的存在。诸如此类的例子不胜枚举。

本节主要论述一战后到二战前，日本马克思主义哲学代表人物的思想及主要贡献。

4.3.1 "福本主义"的"向下—向上法"

福本和夫主导的"福本主义"曾在政治上给予日本共产党很大的危害。但是，福本和夫在哲学上的地位和贡献却无法抹杀。在福本和夫之前，虽然曾有学者提出过马克思主义哲学的问题，却尚未将其作为哲学的世界观。福本和夫从日本无产阶级的革命实践出发，强调唯物辩证法是社会科学认识和阶级斗

---

① 野呂栄太郎. 日本資本主義発達史[M]. 東京：鉄塔書院，1932: 84.

争实践的方法论，认为马克思主义是社会主义的哲学，是变革世界的哲学世界观。"福本主义"的哲学可以看作日本马克思主义哲学的出发点。①

福本和夫的哲学基础是建立在他所理解的唯物辩证法和唯物史观上的。福本和夫理解的"唯物辩证法"，一言以蔽之，即他的"向下—向上法"。他将马克思曾在《资本论》第1卷第2版的跋中总结的研究方法当作唯物辩证法："当然，在形式上，叙述方法必须与研究方法不同。研究必须充分地占有材料，分析它的各种发展形式，探寻这些形式的内在联系。只有这项工作完成以后，现实的运动才能适当地叙述出来。这点一旦做到，材料的生命一旦在观念上反映出来，呈现在我们面前的就好像是一个先验的结构了。"②基于这种认识，福本和夫将唯物辩证法等同于"向下—向上法"。如图4-1所示，这种方法最后会折回到材料，这对于分析事物的具体运动是难以行得通的。他将具体到抽象的过程视为向下运动，将抽象到具体的过程视为向上运动，这是将认识过程单纯地定义为方向性的运动，而忽视了其中的质变。而且，福本和夫显然还没有认识论的概念，他错误地将认识论等同于唯物辩证法。

福本和夫从两方面理解马克思的唯物辩证法的特质，一方面是马克思的辩证法与黑格尔的辩证法的比较，另一方面是马克思的辩证法与一般的经济学方法论的比较。

在福本和夫看来，相较于黑格尔的唯心辩证法，马克思的唯物辩证法是对黑格尔的唯心论的颠覆，是辩证法的飞跃。他认为："黑格尔的问题对象是终极的自然和人类的思维，而马克

---

① 黄楠森，庄福龄，林利. 马克思主义哲学史[M]. 北京：北京出版社，1996：597.
② 中共中央编译局. 马克思恩格斯文集：第五卷[M]. 北京：人民出版社，2009：21-22.

思的问题对象上升到了历史的和社会的现实性问题。"①因此，福本和夫认为马克思的唯物辩证法不仅从唯心论立场转变到唯物论立场，还使认识的对象发生了扩展和升华。马克思的唯物辩证法可以成为"研究社会关系的发展、变化"②的工具。于是，福本认为马克思的唯物辩证法的特质体现在6个方面：①历史的社会的关系；②认识的主体；③经济的范畴；④社会的决定论——作为自然史的过程；⑤对象性形态的强制性转变；⑥变革世界。他还得出结论："这6个特质归于何处呢？他们都归于对历史和社会的认识——也就是历史的唯物的解释。"③尽管，福本和夫在这里对马克思的唯物辩证法给予了高度评价，但他的错误也很明显，他不仅对自然辩证法予以轻视，还将唯物辩证法和唯物史观混为一谈。

福本和夫认为马克思的唯物辩证法区别于一般的经济学方法论的特质体现在8个方面：①向下—向上运动；②科学的分析与历史性发展的轨迹；③形态差别；④现象形态与本质；⑤整体性；⑥"其内部不可避免的辩证法"④的发展；⑦对"自然法则"的批判；⑧对所谓"定义"的批判。从这里，我们依然可以发现他将唯物辩证法和唯物史观混同的错误。而且，"其内部不可避免的辩证法"，这句看起来非常难以理解，按照现在正确的说法应该是"其内部不可避免的矛盾"。但是，实际上在福本和夫的论文中，对矛盾——这一唯物辩证法的三大规律之一基本未有提及⑤，说明他对马克思的唯物辩证法的理解还没有到达这一深度。

---

① 福本和夫. 経済学批判のために[M]. 東京：改造社，1928: 72-73.
② 福本和夫. 経済学批判のために[M]. 東京：改造社，1928: 73.
③ 福本和夫. 経済学批判のために[M]. 東京：改造社，1928: 78.
④ 福本和夫还没有"矛盾"的概念。
⑤ 岩崎允胤：《日本マルクス主義哲学史序説》，日本：未来社，1971年版，第39页

而对于唯物史观，福本和夫是这样理解的："唯物史观由马克思构建了理论内核和基本框架，但是作为一个未完成品，而遗留给了后世。因此，要真正理解唯物史观，必须进行唯物史观的建设和展开——并遵循马克思奠定的基本方法。"①

于是，福本和夫就将他对于唯物辩证法和唯物史观的理解应用到了《社会的构成与变革过程》一文中，对社会的变革过程进行整体的考察。值得一提的是，他运用唯物辩证法对无产阶级的阶级意识进行了深入的分析。福本和夫认为，资产阶级社会发展到一定阶段，其自我批判的主体（即无产阶级）的阶级意识出现强化是必然的。无产阶级虽然常常主张彻底实现自己的阶级利益，但是，如果缺乏对本阶级利益的扬弃，是无法实现这一目标的。这体现了福本和夫对无产阶级阶级性和人性统一的认识。基于这种理解，福本和夫认为无产阶级应从四个方面对待自己的阶级意识："第一，重视事物的联系；第二，以发展的角度看待事物；第三，重视整体性；第四，无产阶级既要做认识的主体，又要成为认识的客体。"前三点都体现了福本和夫对唯物辩证法的运用，但遗憾的是，他将认识的主客体混为一谈，体现了他对认识论的错误理解。

在《社会的构成与变革过程》的最后，福本和夫根据他对唯物辩证法和唯物史观的这种理解，尤其是他的"向下—向上法"，提出了"社会构成过程的图式"，如图 4-2 所示。

对于图 4-2，福本和夫在其他论文中做出了解释："下层建筑的矛盾②的发展先于意识过程。当这种矛盾尖锐到一定程度时，就会发生意识形态的批判（我将此命名为'前段的批判过程'），其批判要求最终会'向下'行至经济过程的批判，于是

---

① 福本和夫. 唯物史観と中観派史観[M]. 東京：改造社，1927: 20.
② 福本和夫此处所指的"矛盾"并非哲学意义上的"矛盾"。

刚才的意识形态的批判在这一过程中得到深化、强化、修正，并形成其核心理论和基本形态（我将此命名为'基本的批判过程'）。然后，再进行'向上'运动，即通过经济过程的批判，再到政治过程的批判，再回到意识形态的批判，于是之前形成的核心理论和基本形态最终形成一个整体。"①

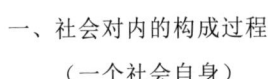

一、社会对内的构成过程
（一个社会自身）

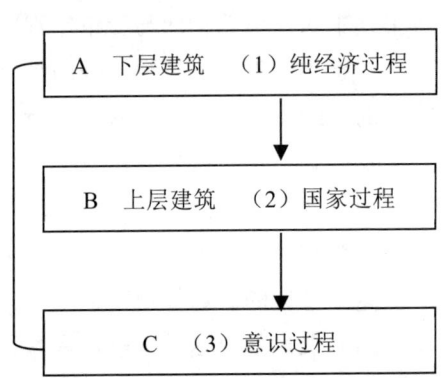

二、社会对外的构成过程
（与其他社会的关系）

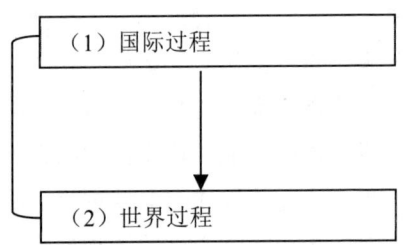

图 4-2 社会构成过程的图式

注：参见福本和夫. 社会の构造＝並に变革の过程[M]. 東京：改造社，1926:182.

福本和夫认为通过这一"向下—向上法"，实现了唯物史观的"建设和展开"。福本和夫的这一图式，反映了他对唯物辩证法和唯物史观的理解已经达到了一定的水平，其阐述的意识形态的变化发展过程也是基本合理的。当然，不足之处也很明显，

---

① 福本和夫. 唯物史観と中観派史観[M]. 東京：改造社，1927: 9-10.

如仍旧将唯物辩证法等同于"向下—向上法",其理解的程度相对简单和粗浅。之后,福本和夫将这一抽象化的图式直接套用到对日本资本主义的分析上,甚至乐观地认为日本资本主义已经走向衰亡①,很显然他忽略了日本资本主义的特殊性,实际做法上又陷入了忽视实际直接套用抽象理论的怪圈,这与"福本主义"在政治上的"分离结合论"从根本上来讲是一脉相承的。

尽管"福本主义"的哲学有诸多缺陷,但处于马克思主义哲学刚进入日本不久的阶段,能达到这样的认识水平已属难得。"福本主义"在哲学上的不足,直接推动马克思主义理论界展开了针对"福本主义"哲学的批判。在批判的过程中,一些错误的认识得到纠正,理论的水平得到提升。一些学者如河上肇等在与福本和夫的论战中,"清算"了自己在唯物辩证法和唯物史观上的不足,最终登上了马克思主义哲学的高峰。

4.3.2 河上肇对辩证唯物主义和唯物史观的科学把握

河上肇对马克思主义哲学的理解以《关于唯物史观的自我清算——改正过去发表的谬误,兼答福本和夫的批判》(以下简称《自我清算》)为分水岭。在其之前,他对唯物辩证法和唯物史观的理解尚不准确;在其之后,由于接受了栉田民藏和福本和夫的批判,他把握了马克思主义哲学的基础,对马克思主义哲学的理解基本走上了正轨。对于这一思想的转变过程,他这样写道:"我是花费了二三十年才渐渐成长为一名马克思主义者的……当我还是一名二十几岁的青年,我作为一名极端的唯心主义者走上文坛,在五十岁之后才得以成为一名彻底的唯物论者,实在是花费了一生的时间才终于完成了思想的转变。"②

---

① 张忠任. 马克思主义经济思想史[M]. 北京:东方出版中心,2006:74.
② 河上肇. 歴史の経済的説明[J]. 史学雑誌,1904(8).

在《自我清算》之前，河上肇还没有将唯物史观作为一种哲学世界观，而是更多地将唯物史观作为经济史观来看待，即所谓的"经济的唯物史观"①。这一时期的代表作是《唯物史观研究》。在文中，河上肇认为："马克思主张，当一定的社会组织达到生产力发展受束缚的阶段，这一社会组织必然会被打破。他这一观点是以人类不可动摇的生命繁衍的意志为前提的。"②河上肇已经认识到了物质生产力是推动历史前进的动力，但他试图找出物质生产力产生的原因，即"原因的原因"。河上肇还试图用一个图式来表示唯物史观的经典公式③，如图4-3所示。

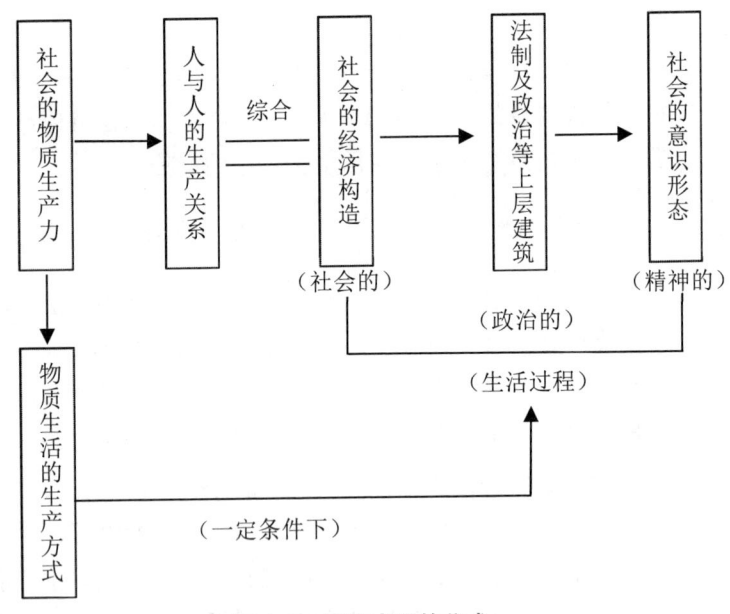

图 4-3 唯物史观的公式

注：参见岩崎允胤. 日本マルクス主義哲学史序説[M]. 東京：未来社，1971: 87.

---

① 河上肇. 唯物史観研究[J]. 三田学会雑誌，1921（10）.
② 河上肇. 唯物史観研究[J]. 三田学会雑誌，1921（10）.
③ 即马克思在《政治经济学批判》序言中总结的"唯物史观公式"。

恩格斯曾在《家庭、私有制和国家的起源》的序言中，对唯物史观的经典公式做了说明："历史中的决定性因素归根结底是直接生活的生产和再生产。但是，生产本身又有两种：一方面是生活资料——食物、衣服、住房及为此所必需的工具的生产；另一方面是人类自身的生产。"①从图4-3已经可以反映出河上肇对生产力、生产关系、经济基础、上层建筑等概念已经有了一定程度的理解。但是此时他将生产力和生产关系之间的关系、经济基础和上层建筑之间的关系更多地理解为一种因果关系。他所理解的生产力显然是物质生产力，而没有包含人类自身的生产，他将生产力的理解一元化了。因此，这也反映了《唯物史观研究》更多的是从经济学层面来把握唯物史观。这种哲学世界观的欠缺也同样反映在了他之后的著作《资本主义经济学的历史发展》（1923）中，而且这部著作以道德原理的变化为基础论述西方资本主义经济学的发展，还以约翰·拉斯金②的名句"大胆地揭开帷幕，面向光明"为结尾，从而招致了栉田民藏对河上肇这种将唯物史观人道主义倾向化的批判。

在《自我清算》后，河上肇对马克思主义哲学的把握有了很大的改观，进入了新的境界。此时，河上肇已经深刻地认识到"马克思主义经济学如果脱离了哲学基础，是无法正确理解的"③。经历了这一思想转换的河上肇，终于写出了《资本论入门》这一巨著。

《资本论入门》自1927年开始创作，至1928年完成，共分10册。在第4册之后，我们已经很难在书中看到诸如"关心""基础经验""交流的存在"等词语，河上肇对辩证唯物主义和

---

① 中共中央编译局. 马克思恩格斯文集：第4卷[M]. 北京：人民出版社，2009：15-16.
② 英国作家、艺术家、哲学家。
③ 河上肇. マルクス主義経済学の基礎理論[M]. 東京：改造社，1929：1.

唯物史观的理解已经在原则上得到了深化。

第一，对唯物论的基本原则的贯彻。河上肇在《资本论入门》第4册中，肯定了恩格斯和列宁的观点，明确了"物质第一性，意识第二性"这一唯物论的基本原则。并且，河上肇将这一原则置于十分重要的地位，在《马克思主义经济学的基础理论》一书中，将这一原则视为"马克思主义哲学的根本观点"①，并强调意识是客观存在的反映，并以此驳斥了当时经验主义的倾向。对于唯物论的基本原则的贯彻，河上肇是这样认为的："唯物论和唯心论的区别是显而易见的。但是一旦涉及国家层面的问题，人们往往沉溺于宗教的偏见，丢弃唯物论的观点而堕入唯心论的泥潭，并寄托于神的存在。而马克思主义对待所有的问题都立足于彻底的唯物论的观点。简而言之，就是一切事物都要用唯物论的观点来看待。这对于改进我们的认识有着十分重要的意义，无论给予多高的赞誉都不为过。"② 这对于当时抛弃唯物论原则的倾向无疑是当头一棒。河上肇还阐明了唯物论和唯心论的区别："即使是同一种感觉，是否承认这一感觉源于客观存在，体现了唯物论和唯心论的区别，即承认物质是独立于我们的感觉之外的，是客观存在的，并进而承认感觉来源于外界物质的刺激，就是唯物论者。反之，即使是同一种感觉，不承认这一感觉来源于客观存在，反而认为外界物质依存于我们的感觉而存在，就是与唯物论者相对立的唯心论者。"③

第二，对于马克思对费尔巴哈的继承的认识。河上肇认为："马克思的唯物论的观点，是关于思维和存在、精神和自然的关系这一全哲学中最高问题的根本见解。他的唯物论的基础继承

---

① 河上肇. マルクス主義経済学の基礎理論[M]. 東京：改造社，1929: 57.
② 河上肇. マルクス主義経済学の基礎理論[M]. 東京：改造社，1929: 15-16.
③ 河上肇. 自我清算之四[M]. 東京：改造社，1927: 27.

自费尔巴哈。虽然他个人对于这一点很少提及。他在提及费尔巴哈的时候,也主要限于论述费尔巴哈的理论需要深化的方面,而对于直接从费尔巴哈继承的方面,马克思认为没有论述的必要。"① 关于这一命题,普列汉诺夫曾做出类似的评价:"存在决定思维这一思想,是费尔巴哈一切哲学的根本思想的根基,这一思想被马克思继承并成为唯物史观的基础。"② 河上肇通过学习普列汉诺夫和列宁的思想,对马克思对费尔巴哈的继承这一命题有了较为准确的把握,他既看到了马克思对费尔巴哈的唯物论的深化,也强调了马克思对费尔巴哈的继承。为何马克思的初期著作几乎不将"物质第一性"这一问题作为主题专门论述?河上肇的这一评价可以作为其中的一个解释。

第三,对《关于费尔巴哈的提纲》的解释。河上肇十分重视《关于费尔巴哈的提纲》。在写作《马克思主义经济学的基础理论》时,他还曾特地引用提纲一和提纲三。河上肇对于"能否离开意识而独立存在"和"能否离开实践而独立存在"这两个问题非常重视。他阐述道:"尽管人类的社会环境是人类自己创造出来的,但是人类的社会环境是可以离开人类的意识独立存在的,人类的社会意识是社会存在的反映。人类的社会存在是脱离人类的意识独立存在的,这一社会存在的进化过程应该理解为一个自然史的过程、一个自我运动的过程。"③ 关于社会存在能否离开意识而独立存在和社会存在能否离开实践而独立存在,河上肇在《资本论入门》中对此有明确的阐述:"社会运动是遵循自然法则的自然史过程,这意味着它可以脱离人类意识而独立存在,但并不意味着它可以脱离人类的活动(有意识的活动)而独立存在。人类的生活、经营、生育、生产、交换

---

① 河上肇. 自我清算之四[M]. 東京:改造社,1927:12.
② 恒藤恭译. マルクス主義の根本問題[M]. 東京:河出書房,1955:37.
③ 河上肇. マルクス主義経済学の基礎理論[M]. 東京:改造社,1929:195.

等都是有意识的活动,这些活动的成果的总和,即一个总体的客观的必然的联系,是脱离人类意识而独立存在的。"① 因此,他认为社会存在能否离开实践而独立存在,是区分客观存在的自然(狭义)和社会的重要手段。自然(狭义)是可以离开实践而独立存在的,而社会是人类实践的成果。从上述河上肇的论述可以看出,对于"实践观"这一《关于费尔巴哈的提纲》中最主要的命题,河上肇已经有了较为科学的把握。

第四,关于抽象到具体,历史的发展与思维的逻辑的理解。关于这个命题,河上肇主要体现在对《资本论》出发点的分析。一般的观点认为根据《资本论》的开头,资产阶级的社会财富是庞大的商品堆积,而每个商品作为细胞形态而存在,从这个现象出发应从商品的分析开始进行研究。②而河上肇认为,这种观点是将资产阶级的社会财富这一具体事物看作表面化的对象,而没有对其进行思维上的整体把握。要从整体上把握,就应从作为细胞形态的抽象的商品出发,逐渐上升到具体认识。这样,我们就能从最单纯的范畴(商品),从外在的现象中探究出其具体的一面。这就意味着,河上肇将"资产阶级"这一范围界定剔除了,而从商品这一抽象的范畴出发进行论述。接下来,河上肇认为,《资本论》开头中作为分析对象的商品,是作为资产阶级的社会财富的细胞而存在的,如果脱离了"资产阶级的社会财富"这一界定,它就无法存在了。这时,每一个商品作为"庞大的商品堆积中的一个",与资产阶级的社会财富相联系,而具有了资产阶级的社会财富的细胞的普遍性。这体现在理论上,就是与抽象的普遍性相对的具体的普遍性。这就意味着"起点与终点相依存",起点到终点,终点再到起点,构成

---

① 河上肇. 資本論入門第一分册[M]. 東京:青木文庫,1952:22.
② 岩崎允胤. 日本マルクス主義哲学史序説[M]. 東京:未来社,1971:39.

了一个圆环。继而，河上肇认为，从抽象到具体这一理论的推进反映了历史的发展。例如，商品、货币、资本的发展，是历史的发展过程，是人类参与的资本主义社会的建立过程。但是，从抽象到具体的过程，是我们将概念与实践相联系的过程，商品从抽象层面而言，仅是资本主义社会的一个方面，在资本主义社会形成之前，商品是无法独立存在的。这样，河上肇就将思维的逻辑与历史的发展联系在了一起。

第五，关于辩证法的理解。河上肇将辩证法作为"在唯物论的观点上把握事物，并辩证地看待事物的法则"[①]，体现了唯物论和辩证法的统一。他认为，辩证法的本质，蕴含在对事物的全面观察或对矛盾的同一性的认识中。他主张把握事物的差别的相对性，把握事物的发展过程，还详细探讨了向反面的转化、矛盾的斗争、量变到质变、否定之否定等概念。总体而言，河上肇对辩证法的理解，主要来源于马克思主义经典著作，基本没有独创性的见解。

第六，关于生产力的理解。河上肇认为生产力有两种意义。第一种意义是生产使用价值（财富）的能力。第二种意义是劳动生产力，即生产率。第一种意义下的生产力表示绝对数量，而第二种意义下的生产力表示相对数量（比率），"作为绝对数量的生产力的总和是历史发展的根本动力，作为相对数量的劳动的生产力是表示这一根本动力的变化指数"[②]。河上肇还认为：第一种意义下的生产力"包含了人类利用的所有种类的生产力"，并用图式来表示（如图 4-4）。而关于生产力和生产关系的对立统一关系，河上肇认为："只要决定生产关系的生产力是唯一的，那么它就同其他的各种生产力，共同构成社会的统

[①] 河上肇. マルクス主義経済学の基礎理論[M]. 東京：改造社，1929: 11.
[②] 河上肇. マルクス主義経済学の基礎理論[M]. 東京：改造社，1929: 144.

一生产力。而当生产力的统一出现分裂时，生产关系就会变成反方向的破坏力，与其他的各种生产力相对立。但是，通过新的生产关系的建立，又转变成一种新的生产力，与其他各种的生产力重新形成和谐的关系，从而生产力和生产关系又实现了统一。"① 马克思曾多次定义过生产力的内涵。在《资本论》中，马克思认为生产力是"有用的具体的劳动的生产力"②，从而强调了生产力内涵中，劳动的形式和结果的统一。这一点在图4-4和河上肇的两种生产力定义中得到了很好的体现，河上肇既看到了劳动生产力，也看到了劳动的结果，也就是图4-4中人类的产物。在《政治经济学批判（1857－1858年手稿）》中，马克思认为"货币……是社会形式发展的条件和发展一切生产力，即物质生产力和精神生产力的主动轮"③，从而强调了生产力是物质生产力和精神生产力的统一。这与图4-4中河上肇将人类的产物分为物质的和精神的暗合。马克思还认为生产力"所表现的是人们同那些用来生产物质资料的自然对象和力量的关系"④，从而强调了生产力的实质体现在人与自然的关系中，对于这一点，图4-4中前两项"人类占有的自然力"和"作为自然力的人类"较为直观地体现了这一点。因此，河上肇对生产力的划分方式，基本符合马克思主义对生产力的定义，而且他借助图式，较为直观地定义了生产力的内涵，将对生产力的理解提高到了一个新的境界。

第七，关于对经济基础和上层建筑的理解。马克思曾在《政

---

① 河上肇. 自我清算之八[M]. 東京：改造社，1927: 24.

② 中共中央编译局. 马克思恩格斯全集：第2、3卷[M]. 北京：人民出版社，2009: 205.

③ 中共中央编译局. 马克思恩格斯全集：第4、6卷[M]. 北京：人民出版社，2009: 173.

④ 中共中央编译局. 马克思恩格斯全集：第4、6卷[M]. 北京：人民出版社，2009: 289.

治经济学批判序言》中对"上层建筑"做出说明:"这些生产关系的总和构成社会的经济结构,既有法律的和政治的上层建筑竖立其上并有一定的社会意识形式与之相适应的现实基础。物质生活的生产方式制约着整个社会生活、政治生活和精神生活的过程。"① 从而揭示了上层建筑主要有两类:一是法律的政治的上层建筑;二是社会意识形态。此后,恩格斯在《费尔巴哈论》中,第一次将社会上层建筑分为了两类:政治上层建筑和观念上层建筑。而河上肇采用了恩格斯的分类方法,他在《马克思主义经济学的基础理论》中,肯定了经济基础的决定作用,并采用了上层建筑分为政治上层建筑和观念上层建筑这一众所周知的见解。

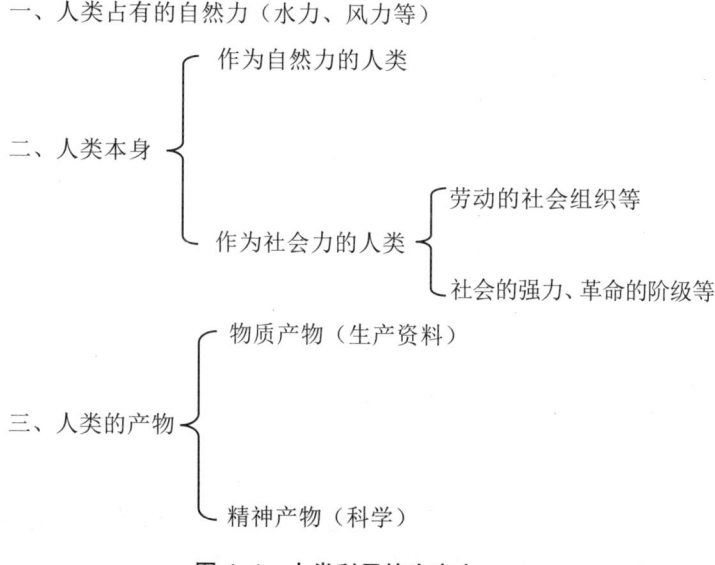

图 4-4　人类利用的生产力

注:参见岩崎允胤. 日本マルクス主義哲学史序説[M]. 東京:未来社,1971:42.

---

① 中共中央编译局. 马克思恩格斯文集:第 2 卷[M]. 北京:人民出版社,2009:591.

第八，关于社会存在和社会意识的理解。关于这一命题，河上肇认为："意识是存在的反映，是整个唯物论的普遍性命题，我认为这一观点并不局限于自然界，当用它来分析社会时，就演变成了社会意识是社会存在的反映这一唯物史观的根本命题。"① 而关于"社会存在是指什么"这一命题，河上肇在《马克思主义经济学的基础理论》中认为："如果社会没有出现阶级分化，那么社会存在就是社会的经济结构，如果出现了阶级分化，那么社会存在就是社会的经济结构及其衍生出的政治结构等。"② 在社会意识是社会存在的反映这一命题上，河上肇主张社会存在包括经济基础及法律的政治的上层建筑（上层建筑之一），而观念的上层建筑（上层建筑之二）是这两者的反映。

通过总结河上肇对马克思主义哲学的理解，我们可以发现，河上肇基本上正确地理解了马克思主义哲学的体系和基本观点，尤其是他对唯物论和唯物史观的正确把握，当时的日本学者无出其右。他还提出了不少自己的哲学创见，成为后人研究马克思主义哲学时的有益借鉴和指导，对后世的马克思主义研究产生了深远的影响。他在写作《资本论入门》时，一方面将《资本论》作为革命展望的著作，另一方面又遵循马克思主义哲学的基本观点深入分析《资本论》的内容，说明他不仅是一名学者，更是一名坚定的马克思主义者。

4.3.3 户坂润的"科学观"

户坂润是一名出色的唯物论哲学家。1932 年，户坂润与岗邦雄、三枝博音等人创立了唯物论研究会，因此他的活动主要同唯物论研究会的活动结合在一起。

---

① 河上肇. マルクス主義経済学の基礎理論[M]. 東京：改造社，1929: 256.
② 河上肇. マルクス主義経済学の基礎理論[M]. 東京：改造社，1929: 256.

户坂润前期主要受新康德主义、存在主义、人类学、解释学的影响，但是他却通过对这些学说的批判性吸收，一步一步转向了马克思主义唯物论的观点，成了一名唯物论者。在1927年时，户坂润编著了《科学方法论》一书，这时他的主要观点还源自新康德主义的"空间论"，对唯物论的考察还很欠缺。到了1935年，经过一系列的批判性吸收，户坂润已经形成了唯物论的基础理论，并运用这一理论进行研究。1935年出版的《日本意识形态论》和《科学论》就是他思想转变后的代表作。

《科学论》是日本最早的唯物论立场的科学论著作，户坂润在书中坚持了自然辩证法和唯物史观的统一，并将辩证唯物主义作为世界观贯穿始终。全书共分六章，户坂润在其中详细论述了科学的普遍面貌、客观存在的模拟与科学的认识的结构，批判了新康德主义的科学方法论及科学论，从唯物论的立场出发阐明了科学的方法，论述了科学的意识形态性质，并在最终章强调辩证唯物主义是唯一正确的科学世界观。自然辩证法和唯物史观立足于辩证唯物主义而实现了统一，从而深化了学界对科学和哲学关系的理解，为后续研究提供了丰富的思考素材。以下围绕户坂润的唯物论和"科学观"，对他的主要观点做一论述。

第一，关于认识的建构问题。户坂润认为认识是对客观存在的临摹反映。但户坂润强调这种临摹反映并不是镜像模拟，"尽管这种临摹是如实的反映，但其带有认识主体的主观能动性"[1]，"镜子是没有生命的，也是没有主观能动性的，但是认识的主体不是镜子，而是生活在社会中的实践的人"[2]。因此，"反映、临摹是通过主体的能动的实践活动，得到了具有实践性

---

[1] 戸坂潤. 戸坂潤全集：第一卷[M]. 東京：勁草書房，1966：145.
[2] 戸坂潤. 戸坂潤全集：第一卷[M]. 東京：勁草書房，1966：146.

的内容；要想确保临摹的直接性、真实性，就要发挥主观能动性，利用手段、方法，使间接认识向直接认识迈进"。由此，户坂润得出了他对认识如何建构的结论，那就是认识不是被动的、静止的，而是通过认识主体的实践活动而建构的。这反映出户坂润的唯物论的观点已经上升到了实践的高度，他看到了实践和认识之间的关系，也认识到了主观能动性对于意识的重要作用，因此户坂润所理解的唯物论，不是机械的唯物论，而是实践的唯物论。不足之处是，户坂润仅仅强调了实践对于认识的决定作用，却没有阐述认识对实践的反作用，影响了理论结构的完整性。

第二，关于科学的世界观的问题。户坂润认为科学是各种知识的综合体系，要想获得知识必须遵循科学的方法。"科学不是存在于个人主观认识中的知识，而是在社会中共同形成的客观存在"[①]。因此，处在科学中的知识"是一种客观化了的观念形态"[②]，"科学中的知识结构在逻辑层面是科学方法，在社会层面是意识形态"。而科学通过科学方法和意识形态的结合，形成对世界的认识。这种关于世界的认识经过统一和升华，就形成科学的世界观。户坂润认为人类在没有科学的反思之前，其世界观是基于常识和直觉而形成的世界观，是最直接的第一次反映；而经过科学的洗礼后形成的世界观是科学的世界观，是第二次反映。为了更好地说明这两种世界观的不同，户坂润还制作了示意图（如图4-5所示）。

第三，关于历史的物质观的命题。历史的物质观是一个贯穿于《科学论》的根本观点。户坂润认为物质的运动、变化、发展、转化基本反映了"物质本身的辩证法及自然本身的辩证

[①] 戸坂潤. 戸坂潤全集：第一巻[M]. 東京：勁草書房，1966: 149.
[②] 戸坂潤. 戸坂潤全集：第一巻[M]. 東京：勁草書房，1966: 150.

法"①。他进一步解释说："宇宙包含了天体、地球，以及地球上的所有物质和生物（人类社会也包括在内），是一个时间的过程。宇宙、物质、自然都以历史的运动为根本法则。"②

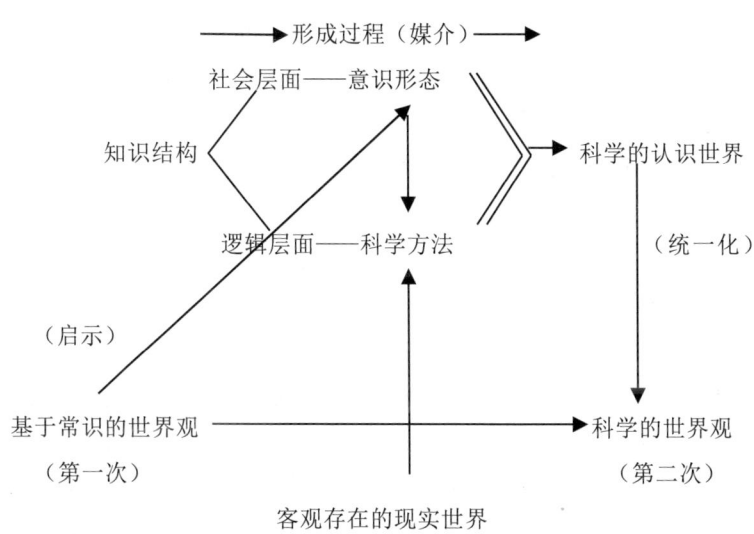

图 4-5 两种世界观的形成

注：参见戸坂潤. 戸坂潤全集：第一卷[M]. 東京：勁草書房，1966: 155.

在户坂润之前的科学方法论，习惯将自然科学和历史科学对立，从而导致了自然和历史的对立。而户坂润认为，科学方法论中提及的"历史"通常是指人类社会的历史，与它对立的是自然的历史。因此，"与自然对立的不是历史，而是人类社会，而历史对于自然和人类社会，都是一以贯之的"③。户坂润还认为，自然史和社会史之间不存在德国的历史哲学家所认为的不

---

① 戸坂潤. 戸坂潤全集：第一卷[M]. 東京：勁草書房，1966: 216.
② 戸坂潤. 戸坂潤全集：第一卷[M]. 東京：勁草書房，1966: 216.
③ 戸坂潤. 戸坂潤全集：第一卷[M]. 東京：勁草書房，1966: 169.

可逾越的鸿沟。当然，户坂润承认"自然史和社会史之间，存在着根本的差异"①，但"这并不意味着两者之间存在着不可逾越的鸿沟，自然和社会都贯穿于同一历史，自然经过历史的发展而产生了社会，而后自然和社会平行又交错地发展，因此科学的分类必须遵循这一客观关系的指导，最终将科学分为了自然科学和社会科学"②。户坂润通过这一观点，突破了德国历史哲学家的观点的藩篱，尤其克服了德国哲学家李凯尔特（Heinrich Rickert）③将科学分为自然科学和文化科学的观点，在科学的分类法研究上实现了进步。

第四，关于科学和意识形态的命题。首要的是自然科学与意识形态的关系问题。户坂润认为自然科学受生产力、生产关系、政治权力和意识形态的制约。但是，自然科学并不仅仅是一种社会存在，因为它本来是客观存在的反映，这些社会因素对它的制约只是形成科学认识的一个条件。因此，自然科学存在"内部的必然性，即自律性"④。自然科学中，它的逻辑性是最重要的，自然科学通过其逻辑的必然性，实现历史的发展。而自然科学的社会性和逻辑性是交叉在一起的，因此自然科学具有意识形态性。而对于社会科学，户坂润认为其意识形态性、社会性，也就是它的阶级性相较于自然科学的更加明显。阶级利益会影响科学的客观性，因此为了保持科学的客观性，必须"保持科学独立的自律性"⑤。可以看出，户坂润在这里强调了意识形态对科学的影响，这也是他之后饱受诟病的重要原因，秋泽修二等认为户坂润将科学过分意识形态化，并对他进行批

---

① 戶坂潤. 戶坂潤全集：第一卷[M]. 東京：勁草書房，1966: 169.
② 戶坂潤. 戶坂潤全集：第一卷[M]. 東京：勁草書房，1966: 170.
③ 李凯尔特，德国哲学家，新康德主义的代表，《文化科学和自然科学》是其代表作。
④ 戶坂潤. 戶坂潤全集：第一卷[M]. 東京：勁草書房，1966: 197.
⑤ 戶坂潤. 戶坂潤全集：第一卷[M]. 東京：勁草書房，1966: 199.

判。户坂润看到了社会科学具有意识形态性，这是值得肯定的。但是，众所周知，自然科学作为对客观规律的认识，其真理性是不受意识形态影响的。户坂润所说的"自律性"即"真理性"。他虽然看到了自然科学的真理性，但由于将自然科学的逻辑性归为社会属性（实际上自然科学的逻辑和社会科学的逻辑是不同类型的，当然，普遍意义上的逻辑是一种社会属性），从而导致推理的错误，认为自然科学具有意识形态性。当然，意识形态在特定情况下是可以对自然科学有影响的，那就是为了某种意识形态的利益，而强行改变科学的结论，形成对自然科学的真理的歪曲。在今天看来，户坂润呼吁"保持科学独立的自律性"是很有现实意义的。

户坂润的《科学论》也存在着许多不足，例如将自然科学的科学性等同于实证性，在几个重要地方依然遵循了新康德主义的观点，等等。但是，户坂润的《科学论》填补了当时日本马克思主义哲学界的理论空白，并且他在马克思主义唯物论的立场下，立足于辩证唯物主义和唯物史观的写作手法，对于传播马克思主义具有十分积极的意义。因此，古在由重曾评价道："户坂润的一生及其全部活动，堪称唯物论的具体化。"[①] 最终，户坂润因日本法西斯当局迫害死于狱中，证明了他坚定的马克思主义立场。

4.3.4 永田广志在马克思主义立场下的思想史研究

永田广志是与户坂润齐名的另一位杰出的马克思主义哲学家。他为研究、传播辩证唯物主义和历史唯物主义做出了重要贡献。作为"唯物论研究会"的创始者和骨干成员，他曾多次参与研究会组织的论战，尤其是对列宁思想的研究和推广做出

---

① 田辺元. 回想の戸坂潤[M]. 東京：筑摩書房，1976：171.

了不懈努力。他肯定了列宁辩证法、认识论、逻辑学的同一的观点，为之后的哲学研究奠定了正确的方向，并在此基础上撰写了《唯物辩证法讲话》（1933）、《唯物史观讲话》（1935），系统地介绍了马克思主义哲学体系。

在"唯物论研究会"的最后阶段，由于政府对思想的控制愈加严厉，永田广志转向思想史方面的研究，但他依然是以马克思主义的立场、观点、方法进行研究。在此期间，他完成了三部代表作：《日本唯物论史》（1936）、《日本封建意识形态》（1938）和《日本哲学思想史》（1938）。在《日本唯物论史》中，永田广志努力把握唯物论史和一般思想史的内在联系，并阐明了唯物论的一般特征，那就是"唯物论是在一定的历史阶段中代表社会发展的阶级的哲学"①。在《日本封建意识形态》中，永田广志阐述了从镰仓时代至幕府末期的封建制思想。他并不仅仅叙述思想史，而是试图"有重点地说明思想史研究中的理论问题，并以此解析若干重要的思潮"②。在《日本哲学思想史》中，永田广志以德川时代为中心，阐述了日本哲学思想史的概况。他没有借鉴过去的思想遗产，而是从人类认识史的研究出发，对日本哲学思想史进行了有意义的研究。他认为日本哲学思想具有不发达、移植性、缺乏创造力、软弱性等特点，并认为"理解日本社会的历史是如何反映在其意识形态的历史上的，以及前者的特质是如何制约后者并贯穿后者的领域的，是全面理解日本历史不可或缺的任务"③。他的这些论述，为后世的马克思主义哲学研究提供了指针。

---

① 大原慧等. 日本社会主義文献解説[M]. 東京：大月書店，1958: 308.
② 大原慧等. 日本社会主義文献解説[M]. 東京：大月書店，1958: 308.
③ 大原慧等. 日本社会主義文献解説[M]. 東京：大月書店，195: 308.

4.3.5 "唯物论研究会"的主要研究活动

九一八事变后,日本政府加速在战争和法西斯的道路上迈进。日本高涨的无产阶级文化运动遭到压制,"日本无产阶级文化联盟"等左翼文化团体被迫停止活动。在这种形势下,户坂润、冈邦雄、永田广志、三枝博音等人于 1932 年 10 月 23 日发起成立了"唯物论研究会"。"唯物论研究会"是由进步学者组成的合法的研究团体。它从现实的课题出发,进行自然科学、社会科学、哲学等领域的唯物论研究。在日本全面发动侵华战争后,1938 年 2 月 12 日,"唯物论研究会"被迫解散。

"唯物论研究会"的活动主要分为三个阶段:

第一阶段,从成立到 1934 年末。在政府激烈的压制下,"唯物论研究会"极力强调自己"没有任何政治色彩,没有任何政治组织,是群众团体"[①],才得以确保活动的合法性。这一阶段主要以介绍马克思列宁主义哲学中的列宁思想为标志。第一,围绕哲学的党性问题展开的论战,主要是永田广志等学者对加藤正的客观主义的批判与加藤的反批判。第二,围绕辩证法、认识论、逻辑学的同一性问题而展开的论战,主要是以永田广志为代表的学者与船山信一之间的论战。第三,围绕自然辩证法与形式逻辑学之间的关系问题展开的论战,主要参与人有冈邦雄、山田坂任等,主要讨论了自然辩证法的具体化问题,是否应该在自然科学中贯彻辩证法,以及如何在自然科学中贯彻辩证法等问题。第四,关于唯物史观的基本范畴的研究,特别引起关注的是以生产力为中心、生产力与生产关系之间的关系,以及代表生产力的技术问题。参与研究的学者主要有小高良雄、永田广志、冈邦雄等人,并形成了"技术—劳动手段体

---

① 岩崎允胤. 日本マルクス主義哲学史序説[M]. 東京:未来社,1971: 178.

系说"。此外，还对明治哲学史、生物学、心理学、物理学、数学、法律学、经济学等若干领域展开了研究。通过这一阶段的研究活动，"唯物论研究会"代表了当时唯物论哲学的最高理论水平，并且与当时日益走上反动的日本资产阶级哲学和唯心论哲学相比，唯物论哲学占有绝对的优势。能实现这些成果，"唯物论研究会"功不可没。

第二阶段，1935年。这一时期，左翼文化组织在政府疯狂的镇压下，破坏殆尽。于是，"唯物论研究会"承担了左翼文化组织的部分工作。同时，许多非马克思主义者陆续退会。在严峻的政治形势下，"唯物论研究会"的活动愈加谨慎，由偏重自然科学转向关于社会各领域的研究，如知识分子问题、亚细亚生产方式问题、偶然文学问题等，研究的方向日趋具体。在自然科学方面，以关于自然辩证法的论战为代表，医学、精密工学等领域的研究也令人瞩目。特别值得一提的是，这一阶段，"唯物论研究会"出版了《唯物论全书》第一辑18册。之后其他各辑陆续出版，总计出版了50册（第三辑改名为《三笠全书》）。这是关于唯物论的综合全书，也是日本第一次以百科全书体系研究唯物论的著作，在马克思主义理论研究史上占据重要地位。

第三阶段，1936年至研究会解散。这一阶段日本发生了"二二六"事件，法西斯主义对民主主义的压制日益强化。"唯物论研究会"承担起了批判法西斯主义的重任。1936年6月，"讲座派"被镇压，"唯物论研究会"成为唯一合法的马克思主义理论研究组织。研究会积极发挥机关杂志《唯物论研究》的作用，以专题形式在上面刊登研究成果，如《意识问题》（45号）、《教育论》（48号）、《现代思潮的诸课题》等。这一阶段的论战，主要围绕自然辩证法的例证、认识主观的规定和历史论展开。此外，关于哲学史、数学史、自然科学技术史、音乐史、兵学史等方面的成就也令人瞩目。

在法西斯之风横行的第三阶段里,"唯物论研究会"与非科学精神抗争,与日本资本主义抗争,为在群众中传播和普及马克思主义孤军奋战。在当时马克思主义在实践上和理论上受诸多限制的局面下,"唯物论研究会"在最后阶段依然高举科学精神、批判精神、理性精神的大旗,通过具体的批判活动,为树立、普及唯物主义世界观做出了不懈的努力。"唯物论研究会"阶段,代表了二战结束前最集中、最高涨的唯物论哲学研究阶段。

第四节 传播理论变化的内在逻辑

马克思主义在实践中产生的,并在实践中不断丰富和发展。"理论的基础是实践,又转过来为实践服务"[①]。因此,考察马克思主义在日本的传播,绝不能脱离日本的经济条件和政治条件。日本不同时期的社会条件,决定了马克思主义在日本传播理论的变化。

马克思主义在日本早期传播的主要是科学社会主义思想。20世纪初,日本形成了早期社会主义思潮,马克思主义的科学社会主义也得到了传播。此时,日本学界对马克思主义的理解,还未上升到马克思主义经济学和马克思主义哲学的高度。之所以首选科学社会主义,一是日本社会主义者反抗天皇政府的革命需要,是社会主义运动发展的结果;二是与马克思主义经济学和马克思主义哲学相比,科学社会主义的内涵相对容易理解。从应用性而言,科学社会主义是比马克思主义哲学更直接、比

---

① 毛泽东. 毛泽东选集[M]. 北京:人民出版社,1991:261.

马克思主义经济学更全面地指导无产阶级和全人类解放的一个组成部分，是马克思主义理论体系的核心部分。

而到了第一次世界大战结束后，十月革命标志着社会主义由理论变为现实。列宁更是将马克思主义推向了一个新境界。日本深受俄国的影响，一部分致力于社会主义传播的社会主义者转变为马克思主义者，他们不再满足于翻译、介绍马克思主义著作，传播科学社会主义和一些政治经济学知识；而要以马克思主义为理论武器，来分析日本资本主义，找到解决社会弊端和变革社会的方法。此时，单纯靠科学社会主义是远远不够的。因此，马克思主义经济学和马克思主义哲学就显得尤为重要。马克思主义经济学可以从经济层面深入剖析日本资本主义的本质，探究出社会问题的根源。而马克思主义哲学为其提供了世界观和方法论，两者相辅相成，缺一不可。而在日本共产党成立后，其政治路线和策略都需要理论的支持，这些都需要从马克思主义经济学和马克思主义哲学的理论角度进行分析。因此，在第一次世界大战后，日本的马克思主义研究在马克思主义经济学和马克思主义哲学方面都取得了令人瞩目的突出成就。

第五章　二战后马克思主义在日本的新发展

第一节　二战后的日本资本主义

二战后的日本资本主义主要经历了三个阶段：美军占领时期、经济高速成长期、经济长期低迷期。不同时期的日本社会的经济发展状况对马克思主义在日本的传播和发展产生了深刻的影响。

二战后，日本作为战败国，经济遭受重创。1945年的工业生产下降到不足1935—1937年的10%，1945年的煤炭生产降到只有16%。①另一方面，日本在二战中强征大量男性劳动力发动法西斯战争，战后这些复员军人归国，造成失业人口激增，而政府对复员军人补贴的发放，使得通货膨胀日趋严重。一时间，二战后的日本社会处于一片凋敝的状况。

针对日本战后的严峻局面，作为托管国的美国在初期采取了"非军事化"和"民主化"政策。一方面，解散军队等战争机构，彻底禁止了军需工业，解散财阀，推行农地改革。另一方面，废除对劳动的战时统治，恢复"劳动保护立法"，制定了

---

① 长岛诚一. 戦後の日本資本主義[M]. 東京：櫻井書店，2001：21-22.

《工会法》(1945)、《劳动基本法》(1947)、《劳动者灾难补偿保险法》(1947)、《失业保险法》(1947)、《劳动设置法》(1947)等法律，基本完成了日本劳动体制的改革，促进了二战后日本工会运动、社会主义运动的兴起。

但是，随着美苏冷战局面的形成，美国的对日政策做出了重大调整，美国通过《日美安保条约》强化了对日本的控制。通过"经济复兴政策"和"经济安定九原则"，促进日本经济的复苏。同时，强化对工人运动的镇压，使得工人运动陷入了低潮。但是，二战后政府放松了对思想的管控，马克思主义学者得以进行较为自由的学术研究，日本马克思主义研究逐渐复兴，并取得了一些成果。

1955年到1990年，在美国的大力扶植下，日本进入经济高速成长期。1955年后，日本政界逐渐形成了日本自民党长期执政、日本社会党控制1/3以上议席并长期在野的"五五年体制"，开启了稳定的政治局面，为经济的平稳、快速发展提供了政治保障。在技术革新和振兴出口两驾马车的推动下，日本经济实现了高速增长。在经济繁荣的背景下，日本的马克思主义哲学和经济学研究也进入平稳的发展期。

1990年后，日本的股市和房地产价格暴跌，这两者支撑下的日本泡沫经济崩溃，日本自此进入长期的经济低迷。受东欧剧变的影响，日本的马克思主义研究也一度陷入低谷。但20世纪90年代之后，日本马克思主义学者的研究趋向多元化，给日本的马克思主义研究带来了新气象。

第二节　日本的马克思主义研究成为独立的研究流派

5.2.1　二战后日本马克思主义经济学的复苏和发展

二战后,随着日本经济的持续向好,许多马克思主义者获得释放,日本马克思主义经济学得到了迅速复苏和发展。

第一,学者对二战结束前马克思主义经济学取得的重要成果进行了整理和再版。例如,多次再版河上肇的《资本论入门》,其中既有青木文库 1951－1952 年的文库版,也有 1951 年世界评论社出版的版本。

第二,对马克思主义经济学学说史的研究获得发展。其中除了对日本本国马克思主义经济学学说史的研究,还扩展到马克思主义经济学学说史的研究。例如,1967 年出版的日普高等编著的《马克思主义经济学——历史与理论》(上、下)、1967 年守屋典郎的《日本马克思主义理论的形成和发展》等,阐述了马克思主义经济学在日本的发展状况。1973 年时永淑等翻译的罗斯多尔斯基(R.Rosdolsky)著的《马克思〈资本论〉的形成》、1974 年井汲卓一等编著的《马克思经济学讲座》、1976 年衫原四郎的《经济思想史 2》等,对马克思主义经济学的推广和普及做出了贡献。

第三,不同经济学派在二战后继续发展。二战结束前即已形成的两大马克思主义经济学派——"讲座派"和"劳农派"继续发展。"讲座派"与日本共产党相伴,历经数次论战,最终发展为正统派。正统派坚持马克思主义立场,坚持做"政治经济学"研究，注重对马克思主义经典文本的研究，如对《资本论》的解读达到了相当高的水平。"劳农派"依托日本社会党，致力于将自己的经济主张写入社会党纲领，但随着后期日本社会党受新自由主义的影响，基本背离了社会主义主张并走向衰落，"劳农派"也随之衰落。除此两大学派之外，较为有影响力的还有"宇野学派""市民社会学派""数理马克思经济学派"。"宇野学派"以日本著名马克思经济学者宇野弘藏的"宇野理论"为基础而创立，其核心理论为"三阶段论"①，突破了传统马克思主义经济学的藩篱，灵活运用《资本论》原理分析二战后日本资本主义发展的实际状况，对于其他马克思主义经济学学者，具有借鉴意义。"市民社会学派"由平田清明所创，在二战后新的经济形势下，对马克思主义的市民社会论进行了新的解读。"数理马克思经济学派"的主要学者是置盐信雄和森岛通夫，他们运用数学分析的方法对马克思主义经济理论进行了数理化分析，推动了日本的马克思主义经济学研究在学界独树一帜，并走向了世界。

第四，20世纪90年代后更关注现实问题，研究方向更加多元化。20世纪90年代后，针对日本的持续经济低迷，日本的马克思主义经济学者运用马克思主义经济学对全球化、社会福祉等现实问题进行了深入的研究，如栗山浩一的《公共事业与环境的价值》②、马克思主义经济学与现代课题研究会的《马克思经济学的现代课题》③等。全球金融危机爆发后，日本马克思主义经济学界以马克思主义经济理论分析了这一危机，如鹤

---

① 即经济学的原理论、资本主义的世界史的发展阶段论、现状分析理论。
② 栗山浩一. 公共事業と環境の価値——CVM ガイドブック [M]. 東京: 筑地書館，1997.
③ 马克思主義経済学与现代课题研究会. マルクス経済学の現代的課題 [M]. 東京: 御茶水書房，2003.

田满彦的《全球资本主义与日本经济》①、井村喜代子的《世界金融危机的构图》②等,这一系列的成果反映了日本的马克思主义经济学的与时俱进性,马克思主义经济学不是一种空洞的理论,而是可以用来分析、解决日本实际经济问题的理论,从而赋予了马克思主义经济学在新时代的新生命力。

5.2.2 "日本马克思主义"研究的独立

二战后初期,日本马克思主义学者的主要任务在于哲学启蒙,同时批判以西田哲学为代表的唯心主义哲学。二战后经济的稳定发展、思想的解禁给日本的马克思主义学界提供了更高的自由度,日本的马克思主义研究在20世纪60年代迎来了小高潮,并在此后逐渐形成了独立的日本马克思主义流派。

第一,相较二战结束前日本马克思主义学界主要专注于对马克思主义文献的翻译和介绍上,二战后日本马克思主义学界开始以更加独立的态度进行马克思主义理论研究,尤其是20世纪60年代后,日本马克思主义学界脱离了苏联教条式马克思主义的藩篱,逐渐形成了日本独有的马克思主义见解,并形成了一系列日本独有的研究成果。20世纪50年代,日本马克思主义学界曾开展了一场关于逻辑学的讨论,多数学者对于"逻辑反映论"③进行了批判。20世纪70年代,学界又就矛盾论展开了讨论,这次讨论围绕辩证法的矛盾和形式逻辑的矛盾规律的关系,最终学界一致认为辩证矛盾不能按照形式逻辑及其规律来理解。其后,关于自然辩证法、历史唯物主义等,学界也展开过几次讨论。通过这些讨论,涌现出了众多研究成果。如岩崎允胤的《现代自然科学与唯物辩证法》、栗田贤三的《马克

---

① 鶴田満彦. グローバル資本主義と日本経済 [M]. 東京: 櫻井書店, 2009.
② 井村喜代子. アメリカ金融危機の構図[M]. 東京: 勁草書房, 2010.
③ 即形式逻辑反映客观现实的相对不变性。

思主义中的自由与价值》、藤野涉的《历史唯物主义与伦理学》、芝田进午的《当代革命与马克思主义哲学》等。此外，一些马克思主义学者还实现了理论研究的突破。如望月清司创造性地提出了"马克思的历史理论"的范畴，并完成了《马克思历史理论的研究》一书，被视为20世纪关于马克思的优秀著作之一。广松涉提出了著名的"从异化论到物象化论"命题，并以"物象化论"重新解读了《资本论》，虽然其理论受到了不少学者的批判，但对日本的马克思主义学界产生了深远的影响。

第二，20世纪60年代后，日本马克思主义学界重视文献研究和文本解读的特色更加显著。尤其是日本作为参与新MEGA[①]编辑的主要国家，对世界的马克思主义文本考证做出了重要贡献。1998年，以大谷桢之介为首，成立了"日本MEGA编辑委员会"。同年，由大村泉等学者组成的"仙台小组"获得了MEGA第2部门"《资本论》及其手稿"第12卷和第13卷的编辑权，并正式出版。[②] 在MEGA版本之外，日本还出版了不少马克思经典著作的日文版。如1974年广松涉的《新编辑版〈德意志意识形态〉》，将原始手稿及其修改过程等印在正文中，完整、真实地呈现了手稿的原始状态。其后，涩谷版又修订了广松涉版本的一些错误，成为最可靠的日文版。基于日本在马克思主义文本考证上的专业水平，2007年"国际马克思恩格斯基金"又将新MEGA第1部门第5卷，即《德意志意识形态》的"费尔巴哈"章电子版的编辑权交给了日本MEGA编委会。

第三，作为唯一一个参与新MEGA编辑的东语系国家，日本在文献学研究方面的深厚积淀不言而喻，尤其是对四大手稿

---

① MEGA，即《马克思恩格斯全集》历史考证版（Historisch-kritische Marx-Engels-Gesamtausgabe），是目前世界上最浩大的出版工程之一。

② 望月清司. 马克思历史理论的研究[M]. 韩立新，译. 北京：北京师范大学出版社，2009: 10.

的研究，填补了不少理论空白。二战后，日本马克思主义学界在《1844年经济学哲学手稿》（以下简称"《手稿》"）、《德意志意识形态》《政治经济学批判大纲》（以下简称"《大纲》"）、《资本论》四部手稿的研究上取得了突破。首先，20世纪60年代以后，日本马克思主义学界对《1844年经济学哲学手稿》的研究突破了单一的哲学领域，延伸到经济领域。望月清司等从"市民社会派马克思主义"的立场出发，强调了"交往异化"对于理解《手稿》的意义，并编写了《解读马克思》中的《手稿》部分。其次，日本马克思主义学界对于《德意志意识形态》"费尔巴哈"章的编辑问题，有较为深厚的研究积淀，并曾为此掀起过两次大的讨论。其中一次广松涉对阿多拉茨基编辑版的《德意志意识形态》"费尔巴哈"章的批判，推动了巴加图利亚版本的诞生。而花崎皋平对阿多拉茨基版和巴加图利亚版本的对照研究，在手稿内容上呈现了一个较为清晰的脉络。最后，将《大纲》放在《资本论》《手稿》《德意志意识形态》的理论框架和形成史中进行研究，但又不囿于这些框架，及时依据新MEGA的成果，进行文献解读，是日本马克思主义学界的重要研究方法。早在1966年，平田清明就《大纲》研究的局限性问题，提出了"第二循环的结束"一节的意义，并将《大纲》与《资本论》相对照，考察了"资本的原始积累"理论的差异，使得《大纲》的研究进入了一个新阶段。而望月清司将《大纲》置于《手稿》和《德意志意识形态》思想发展的延长线上，把《大纲》中的"历史理论"看作《手稿》中的"交往异化"理论和《德意志意识形态》中的"分工展开史论"的直接结果[1]，奠定了他在日本马克思主义学界的地位。进入20世纪80年代，由于《大

---

[1] 望月清司. 马克思历史理论的研究[M]. 韩立新，译. 北京：北京师范大学出版社，2009: 572.

纲》的 MEGA 2 版本的出版，日本学界在本土研究的基础上，努力与世界上的《大纲》研究接轨。如山田锐夫和内田弘以"市民社会派马克思主义"解读《大纲》，对《大纲》中的"市民社会""产业社会"等固有主题进行了深化和拓展。

第三节　日本共产党的"日本式社会主义"

5.3.1　二战后初期日本共产党的"日本式社会主义"初露端倪

战后，日本共产党首次获得了合法活动的权利，并马上投入到战后复兴和民主主义的建设中。在以下三个领域中，有比较积极的表现。

第一，宪法问题。日本宪法，是日本国民主权原则的体现。但是，在二战后，处于美国管制下的日本，只有日本共产党敢于正面主张日本的国民主权。1946年，议会召开宪法制定会，忌惮于美国的威慑力，日本政府提出的草案中，丝毫没有涉及日本国民的主权问题。日本共产党当即提出了修正草案。此后，在联合国远东委员会的合力推动下，终于使日本国民主权这一原则明确地写进日本宪法。

第二，国家主权独立问题。战后，美军的占领，使得日本的民主主义运动受到压制。1947年12月召开的代表大会上，日本共产党将"实施波茨坦公告""实现日本的完全独立"作为行动纲领。日本共产党成为在美军占领下，唯一正面打出这面旗帜的政党。

第三，争取议席。1947年的大选，日本共产党只取得了4个议席。而到了1949年1月，已赢得298万票，并增加至35

个议席①。因此，在战后初期，日本共产党已经将议会斗争作为重要的斗争形式，将政治宣传和群众斗争作为争取选票的手段。

战后不久，日本共产党的领导人野坂参三针对国内外形势，表达了自己的观点："列宁并没有说过，我们布尔什维克在夺取政权时始终要采取暴力，在一定的条件下，也可以采取和平的、议会的方法。②"由此可见，以野坂参三为代表的领导人，面对战后的国内外环境，试图探索一条适合日本的社会主义道路，也为之后日本共产党的发展方向和方针政策定下了基本基调。

5.3.2 日本共产党的"日本式社会主义"的正式提出和深化

1950年，日本共产党经历了一段艰难时期，史称"50年问题"。在此期间，苏联干涉日本共产党的内部事务，为日本共产党制定了武装斗争的方针。这一举动，直接导致了日本共产党内部的分裂。加之美国占领军对日本共产党的镇压，日本共产党在1949年大选中取得的飞跃性胜利几乎消失殆尽。

为了摆脱逆境，日本共产党吸取教训，确立了"无论对方是多么有经验的大国政党，也不允许外国势力的干涉，日本共产党的方针是任何问题都要自己解决③"的独立自主的态度。此后，在1958年的第七次代表大会、1961年的第八次代表大会上，提出了新的党纲。纲领中，日本共产党提出要彻底摆脱与美国的从属关系，在政治、经济方面推行以国民为中心的民主改革，一步一步过渡到社会主义。这两次有历史意义的大会，

---

① 不破哲三. 歴史から学ぶ——日本共産党史を中心に[M]. 東京：新日本出版社，2013：26.

② 中共中央党校社科教研室. 战后日本社会主义理论资料汇编[M]. 北京：中共党校科研办公室，1985：9.

③ 不破哲三. 歴史から学ぶ——日本共産党史を中心に[M]. 東京：新日本出版社，2013：30.

标志着日本共产党进入了独立自主地探索马克思主义日本化的新阶段,也标志着日本共产党面对战后的日本国内环境,更加灵活地制定方针、政策。

此后,日本共产党在新党纲的指引下,取得了飞跃发展。在大选中,从 1958 年的 101 万票、一个议席,1969 年一跃至 320 万票、14 个议席,至 1972 年,更是达到 5637000 票、39 个议席。1958 年第七次代表大会时,党员约 36000 人,《赤旗》的读者约 47000 人,至 1973 年第十二次代表大会时,党员跃升至 342000 人,《赤旗》日刊读者达到 634000 人,《赤旗》周日版读者增至 2570000 人。①

20 世纪 70 年代,日本经济进入高度成长期,随之带来了经济矛盾的激化和政治战线的变动。各个在野党都试图脱离自民党的路线,按照自己的方针探索治国之道,日本共产党也不例外。在此背景下,1970 年 7 月召开的第十一次代表大会就以"发达资本主义国家的革命"为主题,提出了利用革新统一战线组成民主联合政府,结束自民党政治的构想。会上强调日本不能重复俄国革命的老路,日本的革命运动应该"探求适应发达资本主义国家的新的可能性"②,不能照搬苏联的经验,保障国民的民主自由和政治民主主义,建设独立民主、社会主义的日本。不再照搬苏联模式,利用"革新统一战线"成立民主联合政府,并过渡到社会主义,是日本共产党在 70 年代的主要思想,这种"多党制的议会模式"标志着日本共产党又以独立自主的姿态向"日本式社会主义"迈进了重要一步。

在一系列领导人思想和党的会议精神的铺垫下,"日本式社

---

① 不破哲三. 歴史から学ぶ——日本共産党史を中心に[M]. 東京:新日本出版社, 2013: 33.

② 日本共産党中央委員会. 日本共産党の八十年[M]. 東京:日本共産党中央委員会出版局, 2003: 202.

会主义"这一概念呼之欲出。1978年7月15日,日本共产党领导人不破哲三在党成立56周年的纪念会上,进行了题为《日本共产党的路线和展望》的演讲,明确提出要"从理论上、实践上探索日本式的社会主义"①。而领导人上田耕一郎于1979年在党的干部和党员培训班上也提出:"不仅在日本,在今天,凡是采取独立自主立场的共产党,都在提出适合本国情况的社会主义构想。法国共产党总书记马歇曾经说过要建设一个'具有法国特色的社会主义',各个国家共产党也都在摸索和探讨一个具有本国特色的社会主义模式。"②日本共产党应当"对应该学习的经验,不管来自苏联、来自中国、来自南斯拉夫、来自罗马尼亚,还是来自越南,都要自主地加以学习,要争取最适合日本民族、文化和风俗的,而且是完全立足于日本人民的革命传统及经验基础上的、日本式的社会主义"。③至此,摈弃苏联教条主义对日本共产党的影响,走适合本国的发展之路,已经成为日共领导人的共识。

进入20世纪80年代,80年代末90年代初的东欧剧变使得世界共产主义运动进入低潮,日本国内的反共势力也趁机甚嚣尘上,打压日本共产党。在此背景下,日本共产党分别在1991年和1994年召开了十九大和二十大,重申了"发达资本主义国家的民主改革"论。此后,在"日本式社会主义"这一理论的指引下,日本共产党在世纪之交的2000年,召开了划时代的二十二大。在这次大会上,日本共产党提出了新的党纲。在经过修改的"党章"中,将党的目标由原来的"通过社会主义革命

---

① 不破哲三. 科学社会主义研究[M]. 张碧清,等译. 北京:人民出版社,1982:140.
② 上田耕一郎. 现代日本与走向社会主义的道路[M]. 陈殿栋,等译. 北京:人民出版社,1984:56.
③ 上田耕一郎. 现代日本与走向社会主义的道路[M]. 陈殿栋,等译. 北京:人民出版社,1984:115.

在日本建立社会主义进而实现高度的共产主义社会"修改为"最终实现没有剥削、压迫和战争,人与人的关系是真正平等和自由的共同社会";将党的性质由原来的"工人阶级先锋政党",修改为"日本共产党是工人阶级的党,同时是日本国民的党,为了民主主义、独立、和平、提高国民生活和日本进步的未来而努力,对所有的人开放门户",强调"党以科学社会主义作为理论基础";在党的组织原则上,仍然坚持"民主集中制",但删去了"少数服从多数,下级服从上级"的提法,并把党员"无条件服从"党的决议修改为"自觉服从",等等。日共的奋斗目标是在日本这个发达资本主义国家中,探索一条符合本国现实的社会主义道路。日共二十二大做出决议:"在新世纪,要为社会主义建设创造更加成熟的条件。"新党纲强调了日本共产党以科学社会主义为理论基础,重申了"日本共产党"的名称不变。在工人阶级已经超过日本社会劳动人口 3/4 的前提下,日本共产党向所有人开放门户,努力增加党员数量。新党纲认为日本现阶段处在"民主主义革命"的阶段。

而 21 世纪的全球化经济又赋予了这一改革"新社会因素",使得日本共产党的"民主改革"与世界经济和发展趋势息息相关,日本共产党的施政方针也从单纯的政治层面,扩展到国民的税收、财政、环境保护等方方面面。

5.3.3 日本共产党的"日本式社会主义"的指导思想

科学社会主义是日本共产党的指导思想,也是"日本式社会主义"实践的理论基础。马克思列宁主义正确地揭示了人类社会的发展规律,阐明了资本主义、帝国主义必然衰退和灭亡,社会主义、共产主义必然胜利的规律,指明了工人阶级等广大劳动群众在社会发展进程中的历史使命。在日共十三大后,日本共产党将马克思主义、科学社会主义学说和共产主义学说统一定义为科学社会主义,并将科学社会主义定为日共的指导思想。在日共十九大上,对科学社会主义从学说、运动和体制三个方面进行了全面的阐述,并多次强调要用科学的态度对待马克思列宁主义。①

日本共产党自成立后,就将马克思列宁主义作为自己的指导思想,认为马克思列宁主义"作为人类取得的哲学、经济学和社会发展的理论等一切有价值的知识之集大成而诞生的"②,强调科学社会主义的初衷是对资本主义进行批判。科学社会主义中之所以"科学",是因为科学社会主义建立在历史唯物论和剩余价值学说上,由此社会主义才从空想发展成为科学的学说。科学社会主义揭示了资本主义的灭亡规律,那就是当资本主义的生产力发展到一定水平时,现有社会的物质基础无法满足生产力的发展,不得不以新的形式不断扩大阶级矛盾这一规律。因此,充满矛盾的资本主义制度必然被更加进步的社会制度所取代。科学社会主义揭示出人类具有打破资本主义制度并开创更美好社会的可能。科学社会主义深刻地揭示出工人阶级和人民群众的历史使命,它是工人阶级和广大人民群众革命的指针。③

对于日本共产党而言,日共虽然以社会主义和共产主义为目标,但根据日本社会的现状,不是立即去争取实现社会主义,而是把实现资本主义范围内的真正独立和民主作为当前的任务,根据多数国民利益指出解决日本社会所面临的各种问题的方向。日本历史的进程证明了日共这一立场的正确性。④

---

① 曹天禄. 日本共产党的理论与实践[M]. 北京:中国社会科学出版社,2004:147.
② 日本共产党十九大报告,日本共产党网站:www.jcp.or.jp
③ 日本共产党十九大报告,日本共产党网站:www.jcp.or.jp
④ 陈殿栋. 日共十九大坚持既定路线[J]. 政党与当代世界,1990(11).

第六章　马克思主义在日本传播的特点及对日本国内的影响

第一节　马克思主义在日本传播的特点

6.1.1　传播主体：知识分子为主，各种力量并重

在马克思主义在日本传播的过程中，知识分子发挥了主要作用。知识分子将"社会主义"的概念从欧美引入了日本。当工人运动还处在自发阶段时，知识分子将各学派的社会主义思想逐步深化，这部分知识分子就成为日本最早一批社会主义者。随着工会组织的建立和工人运动的高涨，部分早期的社会主义者在社会主义运动实践中发现了西欧空想社会主义和无政府主义的弱点，逐步转向科学社会主义，从而使马克思主义终于在日本真正落地。一战后，受十月革命的影响，部分社会主义者转变为马克思主义者，并发起成立了日本共产党，使工人运动和科学社会主义结合在一起，工人阶级从此作为一支独立的力量登上了历史舞台。不仅是日本共产党对工人运动起了一定的领导作用，一些知识分子组织建立的社会主义政党和团体，如日本社会党、日本社会大众党等，也在参与工人运动的实践中，对马克思主义的传播起过一定的作用。而在马克思主义理论研

究层面，日本共产党党内和党外的学者做出了重要贡献，其对马克思主义经济学和马克思主义哲学的研究在当时达到较高水平，为二战后日本马克思主义成为一个独立的流派奠定了坚实的基础。

二战结束前马克思主义在日本传播的过程中，除了知识分子，工人、农民的推动作用也不可忽视。工人运动在从自发走上自觉的过程，伴随着日本社会主义运动在此实践基础上不断发展的过程。随着1920年"日本社会主义同盟"的建立，日本的工人运动终于和社会主义运动结合在一起。而日本的农民运动也在历经各种自发性的佃农抗租斗争、耕地返还斗争后，终于在1922年走上了"日本农民组合"的道路。工会组合和农民组合的出现，为日本共产党联合这些组合开展无产阶级运动奠定了组织基础。

而对于工人和农民在日本共产党领导的无产阶级运动中起到的作用，可以说理论和现实是存在一定差距的。日本共产党成立之后，对工农联盟的力量是比较重视的。在《二七年纲领》中，日本共产党认为"日本革命的推动力是无产阶级、农民及城市小资产阶级，而主要推动力是无产阶级和农民"[①]，"工农联盟从任何阶级利益出发都是不可或缺的"[②]。而《二七年纲领》还认为："农民如果不在无产阶级的指导下，农民运动很容易迎来失败的命运。日本过半数人口是农民，如果无产阶级脱离农民是最大的危险。"[③] 在《三二年纲领》中，还规定了日本共产党对待工会组织和农民组织的方针："对于工会组织和其他党外

[①] 日本共産党中央委員会. 日本共産党綱領文献集[M]. 東京：日本共産党中央委員会出版局，1998: 80.

[②] 日本共産党中央委員会. 日本共産党綱領文献集[M]. 東京：日本共産党中央委員会出版局，1998: 81.

[③] 日本共産党中央委員会. 日本共産党綱領文献集[M]. 東京：日本共産党中央委員会出版局，1998: 81.

组织，党的指导方针是……共产党员利用思想的影响，对这些组织进行指导，力求用说服的手段，使其成员赞成革命的提案。"① 对于农民组合，《三二年纲领》认为："要强化农民组合的活动，争取更多群众，特别是贫农的加入，要推动建立革命农民斗争委员会和革命自卫队。"②

而现实情况是，工会组织和农民组合在与日本共产党的关系上，最终都走向了分裂。1927年，农民组合就出现了政党系列的分裂。"日本农民组合"倾向于建立合法的政党，而分裂为左派劳农党系的日本农民组合、中间派日劳党系的全日本农民组合、社民党系的日本农民总同盟、农民党系的全日本农民组合同盟。③之后，1928年，日本农民组合和全日本农民组合结合成为全国农民组合（以下简称"全农"）。此后，"全农"在二战结束前共召开了4次大会，几乎每次大会都与"左""右"倾斗争有关，而日本共产党的势力也在其中发挥了一定作用。在1931年召开的"全农"第4次大会上，"全农"内的共产派与劳农党解消派合作增强了"左派"的势力，而其中央机关依然被"右派"控制，而形成了"全会"派。这反映了日本共产党想要将农民组合变为自己的战略组织的想法，却加剧了农民组合的分裂，数年后"全会"派才表现出回归"全农"的愿望。但是，日本共产党想要加强对农民组合的领导的愿望并没有达成。而对于工会组合，1928年12月，日本工会全国协议会（简称"全协"）成立后，日本共产党领导了"全协"的活动，促进了工人运动的发展。但是，日本共产党混淆了党与工会的界限，

---

① 日本共産党中央委員会. 日本共産党綱領文献集[M]. 東京：日本共産党中央委員会出版局，1998: 120.
② 日本共産党中央委員会. 日本共産党綱領文献集[M]. 東京：日本共産党中央委員会出版局，1998: 121.
③ 木原实. 日本社会主義運動史[M]. 東京：劳大新書，1977: 174.

推行"全协"政党化,反而造成了自己与群众的隔阂。尤其是1929年日本共产党领导"全协"总罢工后,使得其力量大为削弱,并转入地下。此后,"全协"也出现了党派系列的分裂。"全协"共约30万人①,约有80%属于"右派",剩余的分属"中间派"和"左派"。"中间派"主要是日本劳农党,"左派"是日本共产党或受劳农党支持。因此,最终,日本共产党对工会组织的领导也大大削弱了。

二战后,马克思主义在日本的传播主体没有发生大的变化,但是斗争方式发生了改变。知识分子在马克思主义的理论研究方面,相较于二战结束前,获得了更大的理论突破。日本马克思主义学者在马克思主义经济学、文献学研究方面都取得了不俗的成绩,使得日本的马克思主义研究成了一个独立的学派,而作为参与MEGA的重要国家,为马克思主义手稿的整理和修正做出了巨大贡献,为马克思主义在世界的传播提供了理论支持。而日本共产党在二战后成为合法政党,尽可能多地发展党员,在大选中争取更多的议席,成为它扩大影响力的主要手段。迄今为止,日本共产党的党员数还未超过50万。即使在2008年金融危机后,不少对资本主义失去信心的国民加入日本共产党,党员数量也才达到40万人。与二战结束前相比,日本国民的生活水平有了很大改善,国民普遍认为自己属于社会的"中流",缺乏改变生活现状的意愿,加入共产党积极性不高。因此,日本共产党宣布对全体日本国民开放入党,试图扩大党员的受众群,增加党员数量。

因此,我们可以发现,日本共产党没有发动起广大的群众力量,这导致它无法开展成功的阶级斗争。不论是日本共产党建立前的社会主义运动时期,还是日本共产党建立后的无产阶

---

① 木原实. 日本社会主義運動史[M]. 東京:労大新書, 1977: 166.

级运动时期,马克思主义和工人运动及农民运动的结合都不强。这也是日本在马克思主义的革命实践上很少取得突破的重要原因。纵观马克思主义在日本传播的过程,从结果层面上而言,可以说,它取得的理论成就是在实践之上的。

6.1.2 传播领域:研究内容全面,多种学说并存

马克思主义在理论研究领域,研究内容较为全面。在一战前主要是着重于科学社会主义的研究。在20世纪初,尤其是十月革命后,唯物史观和辩证唯物论的研究越来越受到重视,马克思主义哲学的基础地位逐渐得到广泛的关注和认可,以河上肇为代表的马克思主义哲学家同时也对马克思主义经济学有研究,使得马克思主义研究向综合方向发展。

从前几章的论述可以发现,从马克思主义踏上日本国土的那一刻起,与其他学说的对立和竞争,围绕马克思主义观点的论战就没有停止过。

在日本共产党成立之前,马克思主义未得到广泛传播的早期,马克思主义处在与空想社会主义、基督教社会主义、无政府主义等学说的竞争中,有很长一段时间,空想社会主义和无政府主义都在社会主义运动中占有优势。

一战结束后,尤其是十月革命后,马克思主义得到了较为广泛的传播。但围绕马克思主义观点的论战进行得如火如荼,仅在马克思主义经济学领域就掀起了三次大的论战。这些论战的成果很多被收录在了"讲座派"的《日本资本主义发达史》中。在马克思主义哲学领域的论战更是不胜枚举,不仅是学者个人之间,学术团体内部也展开各种观点的争论,如"唯物论研究会"的学术成果《唯物论全书》收纳了很多学术论战的篇章。理论层面的论战带来的结果是积极的,在观点的碰撞中,马克思主义的研究得到深化,新的学派随之诞生,对后世的马

克思主义研究奠定了坚实的基础。

二战结束后，相较二战结束前日本马克思主义学界主要专注于对马克思主义文献的翻译和介绍上，二战后日本马克思主义学界开始以更加独立的态度进行马克思主义理论研究。尤其是20世纪60年代后，日本马克思主义学界脱离了苏联教条式马克思主义的藩篱，逐渐形成了日本独有的马克思主义见解，并在马克思主义文献学方面取得了突破性的进展，形成了一系列日本独有的研究成果。其间，关于马克思主义理论问题的论战依然没有停止。20世纪50年代，日本马克思主义学界曾开展了一场关于逻辑学的讨论，多数学者对于"逻辑反映论"[①]进行了批判。70年代，学界又就矛盾论展开了讨论，这次讨论围绕着辩证法的矛盾和形式逻辑的矛盾规律的关系，最终学界一致认为辩证矛盾不能按照形式逻辑及其规律来理解。其后，关于自然辩证法、历史唯物主义等，学界也展开过几次讨论，从而衍生了更多的理论成果。

但对马克思主义的不同理解反映到组织和政治观点上，往往就是日本共产党党内的"左""右"倾之争。日本共产党建党后到在二战结束前，这种斗争一直持续，不仅造成了日本共产党的分裂，还大大影响了其对革命事业推进。

6.1.3 传播途径：理论研究与实践活动并行

马克思主义在日本的传播途径是多样的，可以说是"文""武"并行。

其一，知识分子利用翻译、介绍马克思主义著作，撰写马克思主义论著的方式传播了马克思主义。无论是以幸德秋水、片山潜等为代表的早期社会主义者，还是日本共产党成立后以

---

① 即形式逻辑反映客观现实的相对不变性。

福本和夫、河上肇等为代表的马克思主义者,都以文字传播的形式为马克思主义的传播做出了贡献。二战结束前众多的马克思主义译作和论著,为后世留下了宝贵的马克思主义研究遗产。而二战后,日本马克思主义学者专注于理论研究和文献学研究,为世界贡献了众多马克思主义学术成果。

其二,马克思主义在日本的传播,也得益于报刊等媒体的载体作用。早在早期社会主义思潮时期,日本的社会主义者就非常重视利用媒体宣传社会主义思想。《平民新闻》《直言》等刊物在将反战与宣传社会主义思想较好地结合在一起。到了第一次世界大战后,马克思主义被广泛传播之时,《新社会》《社会主义研究》《社会文题研究》等杂志刊登了数篇介绍马克思列宁主义的文章,为民众了解马克思列宁主义发挥了重要的作用。日本共产党的机关刊物《赤旗》于1928年创刊,到现在依然屹立不倒。在目前日本共产党员人数只有40万的情况下,《赤旗》拥有超过160万份的个人读者或家庭订阅数。而一些马克思主义学术团体,也采取创办机关刊物的方法,宣传自己的学术成果和理论思想,如唯物论研究会等,其机关刊物《唯物论研究》成了马克思主义学术交流的重要平台。因此,依靠报刊等载体,马克思主义在日本传播时,可以及时宣传马克思主义在日本传播的新成果和新动向,并为有关马克思主义的理论交流提供了平台,促进了马克思主义理论的新发展。

其三,日本的学人在传播马克思主义时都较为热衷于建立政党和团体,这对于马克思主义的传播会起到资源整合的作用。从早期日本主义思潮中成立的第一个社会主义政党——社会民主党开始,历经数个社会主义政党,直到日本共产党,政党在整合理论信仰者、领导社会主义运动、宣传马克思主义方面起到了重要作用。而一些民间团体,如社会主义协会、唯物论研究会等,也在整合理论专家、激发理论思想碰撞、催生理论研究飞跃方面，发挥了十分积极的作用。进入 21 世纪，一些研究马克思主义的学术团体仍然具有较大的吸引力和凝聚力。新旧世纪之交，由著名马克思主义经济学家伊藤诚等人发起成立了"21 世纪协会"（ASOCIE21），主张以"市民主义+马克思主义"为其宗旨，强调批判的理性，主张以自我批判的精神进行自由平等的学术讨论，反对自以为是。这是一个以稳健的学者和知识分子为主体的左翼学术团体，成员较多，在关西大阪设有分会。该协会强调批判的理性，主张以自我批判的精神，进行平等自由的学术讨论。

其四，罢工、集会等社会主义运动在实践层面推动了马克思主义的传播。以片山潜为代表的早期社会主义者以罢工、集会、巡回宣讲等形式进行社会主义运动，使得民众对马克思主义有了更为直观的认识。而在日本共产党成立后，日本共产党通过直接领导工人运动，与工会组织、农会组织协作组织无产阶级运动等形式，推动了马克思主义在日本的传播。

其五，日本共产党在传播马克思主义的过程中功不可没。二战结束前，日本共产党在对群众进行科学社会主义教育、通过《赤旗》等刊物宣传马克思主义、组织工人参加社会主义运动、组织马克思主义研究团体等方面发挥了重要作用。二战后，日本共产党成为传播马克思主义的主要政党。它基本放弃了暴力革命，通过不断修改党纲，推行民主主义革命，将革命的任务定义为"在资本主义框架内，进行民主改革[①]"，建立"民主联合政府"，而将"统一战线政府"作为"民主联合政府"建立之前的过渡阶段。日本共产党前领导人不破哲三明确指出："实现民主主义革命，将国家权力移交到人民手中，并在国民的变

[①] 不破哲三. 新日本共産党綱領を読む[M]. 東京：新日本出版社, 2004: 269.

革意愿高涨之后,将社会主义变革提上议事日程。"[1] 不破哲三还强调,纲领中是"社会主义变革"而非"社会主义革命",他认为:"日本作为一个高度发达的资本主义国家,在民主主义革命之后,踏上社会主义变革的道路,这在世界历史中,是全新的经验。"[2] 因此,根据党纲的要求,增加共产党的议席,是进行民主改革的重要手段。为此,日本共产党除了加大宣传、增加受众群外,还针对消费税增加、福岛地震重建、农业复兴等与国民福祉相关的实际问题提出了许多政策主张,在赢得民众信任方面取得了明显成效。

6.1.4 传播的文化基础:术语成型

日语的词汇类型有"和语词汇、汉语词汇、外来语词汇、混合语词汇"四种。其中,和语词汇是日本本民族创造的词汇,用平假名或汉字书写,如"やま"或"山"(汉语中的"山")。汉语词汇是从中国直接引入词形(读音仿照汉语词汇的读音),或借鉴汉语汉字的读音而新造的完全由汉字组成的词汇,通常用日文的汉字书写(与汉语的汉字有一定差别),如"道德"(汉语中的"道德")。而外来语词汇主要是音译欧美语言词汇的读音,通常用片假名书写,如"カステラ"(汉语中的"海绵蛋糕")。混合语词汇即前几种词汇的合成,通常采用汉字和假名组合的方式书写,如"消しゴム"(汉语中的"橡皮")。在这四种词汇类型中,很显然,最能表意的是"汉语词汇"这一类型。

因此,在明治维新后,日本人开始吸收西方文化之时,为了让受众在第一时间能够从字面上领悟一个新词的意义,日本人最终选择了汉语词汇作为翻译西方著作中术语的表达形式。

---

[1] 不破哲三. 新日本共産党綱領を読む[M]. 東京:新日本出版社,2004:351.
[2] 不破哲三. 新日本共産党綱領を読む[M]. 東京:新日本出版社,2004:354.

它们中的一部分来源于当时的汉语中的词汇,另一部分与日俱增的新造词的产生则要归功于日本翻译工作者和学者的造词本领。因此,当20世纪初马克思主义开始在东亚立足时,马克思主义术语的翻译也采用了这种方法和形式。

日本学者通常采用两种方式来翻译马克思主义术语:

一种是借用古汉语中的某个词,但是赋予其新的意义。如日本人复兴了古汉语中的"革命"一词,并赋予新意,来翻译"revolution"一词。"革命"一词原出自《易经》,其文如下:"天地革而四时成,汤武革命,顺乎天而应乎人,革之时大矣哉。"① 此处的"革命"是"撤销受命"之意,即汤撤销了夏朝的受命登上王位,武撤销了商朝的受命。"命"在"革命"一词中,指一种在中国人对统治者合法性的认识中起核心作用的概念,即"天命"。而日本将这种由"天命"决定的没有阶级变化的朝代更迭,引申为人民自下而上推翻现存统治形式的行为,不能不被视为一次大胆的思想动作。"革命"这一术语很快便出现在日本的社会主义著作中。《现时之社会主义》中,将马克思称为"革命社会主义的创立者",并认为"对穷人来说,他们除了革命没有其他路可走"。②

另一种是直接采用日本人较为常用的汉字,来创造新词。如日本人用"唯物论"一词来表示"Materialismus"这个概念,这是日本明治时期语言创造艺术发展的结果。这个词由两个语素组成,"唯"是"只有"之意,"物"符合中文语素"物",最后又从汉语借用了构词成分"論",加在名词后面,用来表示哲学和思想学及理论。"唯物論"这个词可以被解释为一种"只有物质(存在)的学说"。日本人之所以选择"唯"和"物"这两

---

① 四部备要[M]. 台北:台湾中华书局,1965:96.
② 田岛锦制. 现时之社会主义[M]. 東京:良友社,1893:13.

个汉字作为造词的语素,可以在《易经》中找到例证:"有天地然后万物生焉,盈天地之间者唯万物。"由此,可以推测,"唯物論"是按照其反义词"唯心論"被创造出来的。"唯心論"源自唐朝初年中国的佛教翻译经书,指的是佛教当中把精神看作唯一现实的思维方法。"唯物論"与此相对,强调了物质的第一性,也使读者第一次看到即能从字面了解大致的意义。

日本人用汉字创造术语来翻译马克思主义著作这一做法,具有非常重要的意义。首先,摆脱了直接用片假名音译西方专业术语时,读者无法从字面上得知意义,而需要特别注释的尴尬。其次,由于日语深厚的汉字基础,使得马克思主义在传播时,受众更容易理解和接受。最后,汉字言简意赅,相对于片假名的外来语,在印刷、排版时不容易出现假名拼写的错误,更能保证理论的准确性。因此,有了汉字这一利器,日本人将马克思主义的术语整合为一个日本化的术语体系,为马克思主义在日本的传播奠定坚实的文化基础。

6.1.5 传播路径:波浪式前进,思想交锋激烈

马克思主义在日本的传播,不是持续向上的,而是呈一种波浪式前进的运动轨迹。这种波浪式的轨迹与日本的经济发展状况、政府政策、国内外环境密切相关。

从前几章的论述可以发现,日俄战争、第一次世界大战、第二次世界大战,是马克思主义在日本传播的三个分水岭。在这三个阶段后,马克思主义在日本的传播都出现了小的高潮。而在这三个阶段的中间,马克思主义在日本的传播都曾陷入过低潮。总体而言,马克思主义在日本的传播呈现了一种波浪式前进的轨迹。为何会出现这样一种轨迹,通过分析这三个阶段的时代特征,可以发现一些共性。这三个节点都是日本发起或参与对外战争的时期,战争耗费了大量人力、物力,加剧了资

产阶级和无产阶级之间的矛盾,一旦战争结束这种矛盾会更加放大。而战后,因为战争造成国力的损耗,政府的统治力往往会相对弱化。此时,无产阶级因为社会矛盾和阶级矛盾的加剧,更容易接受马克思主义思想,日本共产党也更容易领导无产阶级进行社会主义运动,这些都有利于马克思主义在日本的传播。而随着战后资本主义经济的恢复,政府的统治力得以增强,对日本共产党等社会主义政党和社会主义运动重新进行压制,马克思主义的传播也相应走向低潮。

马克思主义在日本的传播过程中,在学术领域一直论战不断,这种思想的激烈交锋,客观上促进了日本马克思主义的传播和理论研究的深化。如河上肇与福本和夫围绕辩证唯物主义和历史唯物主义展开的争论引起了人们对马克思主义哲学的关心,促进了马克思主义哲学在日本的传播。第一次世界大战和第二次世界大战之间,日本马克思主义经济学界发生了三大论战:关于价值理论的论战、关于地租理论的论战、"劳农派"与"讲座派"之间的论战。这一系列的论战使得日本马克思主义经济学界形成了百家争鸣的氛围,各种专题性质的研究所纷纷成立,从而使日本的马克思主义经济学研究走上了专业细化而互相促进的道路,为二战后日本马克思主义经济学的五大经济学派的形成奠定了重要基础。二战后,日本马克思主义学界的思想论证依然方兴未艾。首先,二战后初期,关于人的"主体性论争"被引入哲学领域,作为认识论、本体论或伦理问题来讨论,使问题进一步深化。同时,主体性问题的讨论还遍及自然科学、宗教、政治和工人运动等领域,成为影响二战后初期整个日本思想界的重大理论问题。其次,进入20世纪70年代,随着唯物论研究的复兴,日本学者以对实践概念的思索为契机,提出实践唯物主义的新体系,在唯物主义哲学内部又引起了一场争论。这场关于实践唯物主义的争论,在日本唯物主义哲学家之间持续数年，至今未了，客观上促进了哲学研究的深化。

第二节　二战结束前马克思主义在日本传播对日本国内产生的影响

6.2.1　有力地支持了日本民众的反专制反帝斗争

自从《大日本帝国宪法》颁布后，天皇政府就拥有了绝对的权力。马克思主义在日本早期传播时期，社会主义者们并不敢公然喊出废除天皇制的口号，他们主要通过参加民主运动和宣传社会主义思想来表达自己的民主愿望，并试图获得民众的响应和支持。而在反帝方面，以堺利彦、幸德秋水为代表的社会主义者积极以《万朝报》等报刊为阵地，宣传反战思想，片山潜也曾发起反战大会，趁机在民众中宣传反战和社会主义思想。可以说，早期的社会主义者是尽量在合法的范围内表达自己反帝反专制的诉求的。他们在民众反帝反专制活动中的参与度也比较高。

日本共产党建立之后，在《三二年纲领》中明确提出了废除天皇制的要求，并提出当前的首要任务是认清日本要发动帝国主义战争的企图，并站在反战运动的最前沿。在"二二六"事变发生，日本笼罩在白色恐怖中时，唯物论研究会却能坚持与为法西斯主义提供理论支持的西田哲学展开论战，试图从理论上说明对方理论的错误，需要很大的勇气。

可见，在二战结束前马克思主义在日本传播的过程中，反帝反专制的要求是一直以正面或侧面的方式践行着的，这也体现了马克思主义的基本立场。

6.2.2 为学术界带来了马克思主义的研究视角

马克思主义在明治维新后传入日本。明治维新初期的马克思主义还停留在书斋中，未与实践结合。随着日本资本主义的发展，尤其是经过甲午战争和日俄战争，社会矛盾日益显露，马克思主义才作为批判和改造日本社会现实的有力武器慢慢被认识和得到深入研究。[①]一战后，马克思主义理论在日本得到更为广泛的传播，日本的马克思主义理论逐步开始形成思想体系，这体现为马克思主义经济学的独立。1919年，东京帝国大学和京都大学相继成立经济学部，使以《资本论》为代表的马克思主义经济学成为当时日本社会研究的主要对象。

而后，经过三次大的论战，二战结束前马克思主义经济学界的两大学派最终建立，并一直延续到二战后，随着第二次世界大战后日本经济的发展，近代经济理论与马克思主义经济学实现了共存。

马克思主义经济学家的一些研究方法也对后世产生了深远影响，如将马克思主义经济学和马克思主义哲学观点结合的方法、枥田民藏重视实证的方法等，都是值得后世借鉴的。

6.2.3 诞生了无产阶级文化，催生了无产阶级文学流派

马克思主义在日本的传播的影响还反映在文化层面。时至今日，马克思主义和马克思主义文艺理论已经成为日本现代思想的重要组成部分。一战结束后，随着马克思主义在日本的传播，从大正末期，左翼文化运动勃兴，马克思主义的影响力不

---

① 王志松. 20世纪日本马克思主义文艺理论研究[M]. 北京：北京大学出版社，2012: 41.

断扩展。一战刚刚结束后,小牧近江就掀起了社会主义文艺运动,金子洋文创办了无产阶级文学杂志《播种人》,叶山家树的《海边生活的人们》、德永直的《没有太阳的街》等无产阶级文学作为一种新的文学形式登上文坛。无产阶级文艺联盟、老农艺术家联盟、全日本无产阶级联盟等诞生,《文艺战线》《战旗》等无产阶级刊物发行。马克思主义的文化运动还扩展到电影、戏剧、绘画等领域,取得了一定成就。

由于二战结束前日本共产党长期处于非法状态,不能公开活动。无产阶级文化运动的各个组织承担了广泛宣传社会主义世界观的任务,因此,无产阶级文学、艺术被赋予了这一使命。日本无产阶级作家同盟中央委员会在《关于艺术大众化的决议》中提出:"我们的艺术必须把无产阶级革命的意识广泛地渗透到重要产业的大工厂的工人和农民之中。"①为了达到这一目标,该决议列举了 10 类创作题材要求作家创作,并指出这些题材"是我们工人农民在现在的国际和国内的状况下切实面临的问题"。②在日本共产党长期非法的特殊历史环境下,无产阶级文学、艺术在宣传社会主义方面发挥了重要作用。由于它较多地反映了工农群众的诉求,因而推动了无产阶级文学、艺术的大众化,进一步促进了马克思主义在人民中的传播。

在马克思主义传播的持续影响下,1928 年到 1931 年,日本兴起了一场无产阶级文化运动。随着金融危机的加剧,民众越来越认识到了资本主义社会的矛盾。以学生和知识分子为主的群体,向马克思主义靠近。在理论层面,马克思主义的研究向社会科学的各领域扩展。在文化层面,文学、电影、戏剧、

---

① 日本プロレタリア文学集別卷:プロレタリア文学資料集[M]. 東京:新日本出版社,1988: 94.

② 日本プロレタリア文学集別卷:プロレタリア文学資料集[M]. 東京:新日本出版社,1988: 97.

美术等各领域,都涌现出了一批有创造性的作家和作品。我们熟悉的小林多喜二的《蟹工船》就产生于这个时期。虽然在文艺批评领域,普遍对无产阶级文学的文学性和艺术性评价不高,但是作为一种现实主义文学,它反映了当时下层民众的生活,对无产阶级运动起了鼓舞和号召作用。无产阶级文化运动也作为一个特殊的历史印记被载入了史册。

6.2.4 凸显了日本社会的内在矛盾

马克思主义在日本的传播,是一场思想的变革,它的产生和发展不是偶然的,它深刻地反映了日本社会的内在矛盾。

第一,马克思主义在日本的传播,反映了生产力与生产关系之间的矛盾。马克思曾在《德意志意识形态》中对这两者的关系做过深刻阐述,马克思认为生产力决定交往形式①,生产力也受交往形式的制约,当生产力发展到一定程度,原来与生产力相适应的交往形式便成为生产力发展的桎梏,"已成为桎梏的旧交往形式被适应于比较发达的生产力,因而也适应于进步的个人自主活动方式的新交往形式所代替;新的交往形式又会成为桎梏,然后又为另一种交往形式所代替"②,"一切历史冲突都根源于生产力和交往形式之间的矛盾"③。日本在明治维新后,走上了资本主义道路,此时,资本主义体制相对于封建体制,对生产力是极大的解放,在短时间内使日本从一个濒临沦为殖民地的国家一跃成为一个蒸蒸日上的资本主义国家,政治、经济、文化生活方面都呈现出焕然一新的面貌。但是,随着工业革命的推进,机器大工业的发展,资本主义体制的弊端逐渐

---

① 这里的"交往形式"就是"生产关系"。
② 中共中央编译局. 马克思恩格斯文集:第 1 卷[M]. 北京:人民出版社,2009:576.
③ 中共中央编译局. 马克思恩格斯文集:第 1 卷[M]. 北京:人民出版社,2009:567.

暴露出来。首先，在国家层面，在资本的驱使下，统治集团频频发动战争，给人民带来极大的痛苦和沉重的负担，激起了人民的反抗。其次，在阶级关系方面，资本家为了资本的积累和价值的追逐，残酷压榨无产阶级，激起了无产阶级改善生活状况的需求。而无产阶级中的工人阶级直接参与机器大生产，他们是新的生产力的代表，他们所代表的生产力，与马克思主义构建的社会形态相适应的生产力是一致的，这使得他们接受马克思主义成为一种必然。而一部分资产阶级知识分子，由于对天皇政府的专制体制不满，从而促使他们寻求一种新的政治和经济体制，马克思主义作为一种全新的社会形态的理论，很容易获得他们的认同，因此这部分知识分子转变为社会主义者，并最终有一部分转变为马克思主义者。最后，资本主义体制无法克服生产社会化和生产资料私有这一固有的矛盾，因此，经济危机是不可避免的。尤其是在第一次世界大战后，日本也被纳入世界资本主义的体系，当世界性的经济危机爆发后，日本也不能幸免。马克思主义的《资本论》对此进行了深刻的剖析，这使得越来越多的人在马克思主义中寻找经济危机频发的答案，马克思主义在日本的传播成了一种必然。

第二，马克思主义在日本的传播，反映了资产阶级与无产阶级这一资本主义社会的主要矛盾。正如恩格斯所言："一切政治斗争都是阶级斗争，而一切争取解放的阶级斗争……归根到底都是围绕着经济解放进行的。"① 对于资本和价值的追逐是资本家的本性，因此，无论是国家层面的对外侵略，还是资本家个体对无产阶级的剥削压迫，都反映了资本的统治力量。当资产阶级对无产阶级的压迫达到极限，无产阶级为了实现经济

---

① 中共中央编译局. 马克思恩格斯选集：第4卷[M]. 北京：人民出版社，1995：250.

解放和人身自由，阶级斗争也不可避免。马克思主义是站在无产阶级立场的世界观和方法论，它所构建的社会主义和共产主义的社会形态，是符合无产阶级的利益和革命需求的。因此，随着资产阶级和无产阶级矛盾的加剧，无产阶级接受马克思主义并进行传播是一种必然。

第七章　马克思主义在日本的传播对中国的深刻影响

第一节　中国为何首选从日本吸收马克思主义

7.1.1　中文吸收欧洲术语的天然局限性

中国在西方文明大量侵入后,为了理解和掌握外来文化,迫切需要为汉语补充新词汇。通常,在借用外国语言概念时,大致有如下四种手段:①

第一,音位的借用,即将外来词的读音借用到本民族的词汇中,这是外来语音位适应本族语音位系统的过程。

第二,借助本民族语素来表述外来词。

第三,前两种方法的混合运用,即创造一些既包含本民族语成分又包含外来语成分的混合词。

第四,字形的借用。但只有本民族语与外来语都是语素文字时才能够采用。在字形借用中,一个词的书写形式和含义被另一种语言所借用。被借用的这个词在借用它的语言中的音位

---

① Novotná. Contributions to theStudy of Loan-Words and Hybrid Words in Modern Chinese[J]. Archiv Orientální, 1969, (35): 225-325.

和代表它的一个或多个字位不受其原先所在的语言的音位形式的影响。这种借用方式的基础是：文字语言中的语素无须先接受音位形式就可以直接由各自所有的字位来表现。

这四种手段，汉语在吸收外来概念时都曾经尝试，但最终证明可行的只有第二种和第四种。音位借用和混合式构词这两种方法的运用只局限于很小的范围内。[①]但是，即使使用第二种和第四种手段，汉语从欧洲语言中吸收术语仍然存在天然的劣势。原因主要有以下两点：

第一，语言类型的差异。汉语是语素文字，每个语素是一个音节，并由一个专门的汉字表示。而欧洲语言大多为表音文字，且词汇通常具有多个音节。如果按照第二种手段，采用语义翻译法，以单个汉字去表述欧洲语言的单词，在当时的社会环境下，尚缺乏此种专业人才。而第四种手段，由于汉语使用汉字表记，而欧洲语言使用字母标记，字形无法直接借用，第四种手段自然也被舍弃了。

第二，词汇的音节长度有明显差异。吴竞存对《中华人民共和国宪法（1954年）》序言所用词汇（共501词）的长度进行研究统计，结果显示：单音词占37.7%，带词缀的词占0.59%，由多个义素构成的词占61.4%。汉语最常使用的构词类型是限定结构。这类词中的大部分是双音词，其次是三音词，四个或更多个音节的词则相对较少。[②]其后，科罗特科夫（N.N. Korotkov）也证实"双音节是新型词语的主导数量准则"[③]，肯定了双音节词在中文词中的数量优势。诺沃特纳（Novotná）的

[①] Novotná. Contributions to theStudy of Loan-Words and Hybrid Words in Modern Chinese[J]. Archiv Orientální, 1969, (35): 225-325.

[②] 吴竞存. 论向心式——现代汉语构词法研究[M]. 上海：新知识出版社，1957: 131-132.

[③] N. N. Korotkov. Kproblemmorfologiceskojcharakteristtiki[J]. Archiv Orientální, 1969, (225): 2.

研究表明，现代汉语中被同化的外来词的平均长度为 2.25 个音节，与此相对照，未同化词的中等平均长度为 3.27 个音节。① 很显然，汉语词的音节组成相对简短。以双音节为代表的较短音节的外来词，尚可采用音位借用的方法。而音节较长的欧洲外来语词传入中国时，采用音位借用的方法往往会遭遇水土不服的情况，记忆难度大，难以传播。因此，采用语义翻译法是一种较好的选择。但是，中国当时缺乏专业的语言翻译人才，加之新理论和新技术的抽象性，更增加了翻译的困难。而日本在明治维新后，翻译了大量的西方理论著作，创造了大量的和制术语。由于汉语和日语同属语素文字的特性，以日文译本为媒介，从日语直接借用术语，成为翻译西方著作的好方法。

7.1.2 日本语言和文化的天然优势

相比汉语从欧洲语言吸收术语的乏力，汉语从日语吸收术语则具有得天独厚的优势。

首先，作为中华文化的辐射国，日本长期受中国文化的影响，与中国同属一个文化共同体，容易产生文化认同感。在特定的历史时间，汉字被朝鲜、日本、越南语言共同体所接受。这也为中国文化传入这些国家奠定了基础，提供了载体。

其次，汉字在日语中占有重要地位。中文的语素文字对日本人的语言思维产生了深远的影响。尤其是日本在明治维新后翻译国外政治、哲学著作时，将汉字相关的中文语素材料进行创造性的运用，创造了大量新的汉语词。这使得中国从日本转译这些著作时，几乎可以达到信手拈来的程度。有的留日学人甚至使用"和文汉读法"，读书时"就在日本书上勾勾勒勒，不

---

① Novotná. Contributions Loan Words[J]. Archiv Orientální, 1969, (225): 644-645.

再另纸起稿"①。

最后，汉字比音位文字更能保证文化传统的连贯性。汉字在古籍中的运用给它们添加了某种附加意义或隐含意义，不需要任何语言表达形式，仅从字面就令文学素养高的读者产生某种联想。汉字在创造现代汉语词汇的过程中起了一种微妙的、潜移默化的特殊作用。当汉语借助本土语素创造表示西方新概念时，对于新词汇的创造者，汉语的书写形式成为理解词源的工具。而对于新词汇的接受者，汉语词汇的构词方式则有助于理解其深层含义。

7.1.3 日本良好的留学环境

五四运动前，日本成为向中国传播马克思主义的主渠道。除了日本的地缘优势和语言优势外，留日学生功不可没。中日甲午战争后，清政府为了富国强兵，采取向日本派出官费生的政策，直接推动了第一波留日高潮。人数之多从表 7-1 中可见一斑。日本留学环境较好，政府较为支持。以上田万年为首的日本朝野人士认为"在中国独立事业上或中日提携合作上，这一群留学生都是一大力量"②，直接推动了日本政府为留学生修建设备完善的宿舍、筹措经费等，生活上提供了诸多便利。日本政府较为重视中国留学生的教育，专门为中国留学生开办学校，兼顾大学预科教育及中等程度教育，据统计，共有成城学校、弘文学院等 18 所③。为使中国留学生"不出两年，便可粗

---

① 周光庆. 汉语与中国新文化启蒙[M]. 台北：东大图书公司，1997：134.
② 上田万年. 关于中国留学生[J]. 太阳，1898(4).
③ 根据实藤惠秀. 中国人留学日本史[M]. 谭汝谦，林启彦，译. 北京：北京大学出版社，2012：35-42. 统计而得。

懂日语文章"①，共编著了 50 余种②日语学习书籍。

表 7-1 1896—1919 年留日中国学生人数统计表

年份	人数	年份	人数	年份	人数
1896 年	13	1904 年	2406	1912 年	1437
1897 年	—	1905 年	7285	1913 年	—
1898 年	48	1906 年	7283	1914 年	3796
1899 年	86	1907 年	6797	1915 年	3111
1900 年	14	1908 年	5217	1916 年	2790
1901 年	274	1909 年	5266	1917 年	2891
1902 年	608	1910 年	3979	1918 年	3724
1903 年	1300	1911 年	3328	1919 年	3455
合计			65108		

资料来源：二见刚夫，佐藤尚子. 中国人日本留学史关系统计[J]. 教育研究所纪要，1978（94）；实藤惠秀. 中国人留学日本史[M]. 谭汝谦，林启彦，译. 北京：北京大学出版社，2012.

而同期，欧美留学生却寥寥无几，且留学环境相较日本，逊色许多。以美国为例，自 1872 年容闳携 30 名幼童赴美留学之后的 15 年里，清政府共派出留学生 120 名，此后多年未派人赴美留学，直至 1908 年中国才恢复派遣赴美留学生。截止到 1929 年，共派出 1900 余名。相比赴日本的众多官费留学生，美国的自费生占很大比例。以 1924 年为例，1637 名留美学生中，自费生占 1075 名。③中国的赴法留学，开始于 1875 年沈葆桢推行洋务运动时携中国学生数人赴法学海军，此后派遣工作即停滞。直至 1912 年，在吴敬恒等组建的留法俭学会的倡导下，赴法留学得以重新开始。但法国留学环境恶劣，政府不提

---

① 上田万年. 关于中国留学生[J]. 太阳，1898（4）.
② 根据实藤惠秀. 中国人留学日本史[M]. 谭汝谦，林启彦，译. 北京：北京大学出版社，2012：32-34. 图表统计而得。
③ 留美学生年报，1910（1）.

供官费，留学生须半工半读才得以继续学业，许多人由于生活压力，不得不中途辍学回国。中国人赴英、德留学，始于1876年，以研学军事为目标，其后并无特别发展。中国人赴苏留学起步较晚，直到1924年，孙中山才派出留学生赴苏联学习军事。

19世纪末20世纪初，留日学生的高峰期恰逢马克思主义在日本早期传播的时期，加之国家危亡的社会背景促使留学生自然而然地成为马克思主义传播的主体。

7.1.4 中国资产阶级的庇护地和力量蓄积地

在20世纪初留学日本的热潮中，一部分爱国的中国人面对祖国的民族危机，形成了一个以救亡图存为目标，以向日本学习为手段的群体。在"革命保皇二事"尚未"决分两途"之际，救亡图存这一共同的目标将资产阶级改良派和资产阶级革命派凝聚在一起。日本明治维新的成功，更使他们几乎一致地认为：通过日本学习西方是一条最为可行的捷径。以梁启超为代表的资产阶级改良派直接仿效"明治维新"在中国进行了"戊戌变法"，结果惨遭失败。日本为其提供了逃亡的庇护地，也使得他们在日本得以继续其政治生涯和学术生涯，在为之后的新文化运动做出贡献的同时，也因广泛阅读和翻译日本书籍，接触到了马克思主义思想。而以孙中山为首的资产阶级革命派，其成员大多原是日本留学生，对日本的生活、文化已相当适应，其先进的革命思想也多源自日本的浸淫，他们在日本建立革命团体，以期壮大革命力量，宣传革命思想。日本无形中成为资产阶级革命派的力量蓄积地。他们旅日期间，正是以幸德秋水、片山潜等为代表的社会主义者对马克思主义进行早期传播的时期，他们接触到马克思主义也成为一种必然。

第二节　日本对中国马克思主义早期传播的积极影响

7.2.1　成为主要的马克思主义理论来源国

中日之间共用汉字的基础源远流长。日本早在平安时代[①]，就醉心于汉文化的吸收和模仿，并以汉诗水平作为评定文化修养的一个标准。可以说，在封建制度框架下的日本，汉文化一直备受推崇。在这一过程中，日本从中国大量吸收汉语词汇丰富本民族语言，成为必经之路。从而使得中国古代典籍，尤其是唐宋两代的典籍，可以直接通用于日本。到了19世纪五六十年代，日本人刚刚接触西方文明时，中国的一些西方典籍的汉译本和历史、地理著作，也给了日本很大的启发。如魏源的《海国图志》流传到日本后，曾出现过多个日译本。这就为中日两国共用汉字奠定了长期的、稳固的基础。而在日本成为资本主义国家后，在"文明开化"政策的推动下，日本大量引进和翻译西方著作。对于当时的中国人而言，与直接翻译西方著作相比，显然利用日译本更为便捷。一来日本人对西方著作已经做了选择和鉴别，保证了著作的质量；二来日本人在翻译西方著作时，往往借助汉字来引申或创造新词，使得中国人在翻阅这些日译本时，会较为容易地领悟主要内容。

赴日的中国留学生自然成为阅读和翻译日文著作的主体，以致"日文本译本，遂充斥于市肆，推行于学校，几时一时之

[①]　平安时代，794—1192年。

学术，浸成风尚"①。1911年之前，曾经出现过中国留日学生的高峰。人数最多时曾达"文武男女学生共约8000人"②，实为"任何留学国所未有者"③。1911年后，由于辛亥革命爆发，留学生几乎全部返国。因此，这段时期，就成为中国留学生从日本吸收、翻译马克思主义相关理论著作的黄金时期。

当时，留日学生翻译了大量日本学者论述社会主义的著作，仅在1900－1906年，中国留日学生翻译的日本有关社会主义的著作已达20种左右。④如赵必振译《近世政治史》（1903）、中国达识译社译《社会主义神髓》（1903）、宋教仁译《万国社会党大会史略》（1906）等。其中，《社会主义神髓》影响最大，出版两个月后即被译成中文，并曾被陆续翻译5次。1903年是马克思主义传入中国的重要一年，这一年，日本三部篇幅较长的社会主义著作——《近世社会主义》《社会主义》《社会党》的中译本由广智书局出版。此后，马克思主义由日本向中国的传播逐渐规模化。留日学生还通过马克思主义原著的日译本，翻译了一些马克思主义经典著作。其中，《社会主义》被不同译者的翻译，形成"《翻译世界》连载本""罗大维译本"和"侯士绾译本"三个中文译本。根据《天义报》第8、9、10合卷中刊载的社会主义书刊预告记载，民鸣的《共产党宣言》中译本是根据堺利彦的《共产党宣言》（以下简称《宣言》）日译本转译而成，但不是全译本，而只是《共产党宣言》第一章。此后，马克思主义文献经由日本中转而传入中国的译介传播逐渐形成规模化。在五四运动之前，中国对马克思主义的了解，可以说

---

① 渚宗元. 中国近代出版史料2编[M]. 上海：群联出版社，1954: 95.
② 实藤惠秀. 中国人留学日本史[M]. 谭汝谦，林启彦，译. 北京：北京大学出版社，2012: 31.
③ 舒新城. 近代中国留学史[M]. 上海：上海书店出版社，2011: 46.
④ 刘晶芳. 五四运动与马克思主义在中国的传播[J]. 史学集刊，2009（2）: 4.

绝大部分来自日本渠道马克思主义文献。

即使在五四运动后，马克思主义经由苏俄大举进入中国之时，中国翻译日本马克思主义理论著作的热情依然不减。早期马克思主义者李大钊在其主编的北京《晨报》中分三期连载了渊泉（即陈溥贤）翻译的河上肇的《马克思的唯物史观》一文。陈望道根据堺利彦和幸德秋水合译的《宣言》为底本，并参照《宣言》英文本，翻译了《宣言》首个中文全译本。仅仅在1926年前后，河上肇著作的中译本，就有18本之多。而安部矶雄、堺利彦、高畠素之、山川均的著作也被翻译了5种以上。据不完全统计，从1902—1949年，仅译著就多达231部。特别是在1902—1937年的30多年间，日文马克思主义文献对中国马克思主义传播的贡献是无可替代的，1919年前后达到高峰。1937年以后，日本渠道马克思主义文献一度跌至低谷。

表7-2 1926年前后河上肇著作的中译文

中译本书名	译者
《救贫丛谈》	杨山木
《资本主义经济学之史的发展》	林植夫
《经济学大纲》	陈豹隐
《人口问题批评》	丁掘一
《新经济学之任务》	钱铁如
《唯物论纲要》	周拱生
《社会变革底必然性》	沈绮雨
《经济原论》	邝摩汉
《马克思主义经济学基础理论》	李达等
《唯物史观研究》	郑里镇
《马克思主义经济学》	温盛光
《近世经济思想史论》	李天培
《唯物史观的基础》	巴克
《社会主义经济学》	邓毅

续表

中译本书名	译者
《社会主义社会组织》	郭沫若
《唯物辩证法的理论斗争》	江半痷
《劳资对立的必然性》	汪伯玉
《通俗剩余价值论》	钟古熙

注：根据实藤惠秀. 中国人留学日本史[M]. 谭汝谦，林启彦，译. 北京：北京大学出版社，2012: 205. 绘制

由于日语的优势和留学生的推动，日本为中国提供了大量的马克思主义理论著作，为其后马克思主义在中国的广泛传播准备了思想条件，也为之后中国共产党的创建提供了最初的理论来源。伴随着印刷媒体的社会主义热，民国初年出现了社会主义热潮。

7.2.2 深刻影响了中国马克思主义的话语体系

明治维新前后，日本开始直接从荷兰、英国、法国、德国引进先进文化，翻译西方名著。由于日文和中文有共用汉字这一基础，日本学者在翻译西学著作时，往往不使用本民族创造的假名文字，而更多地选择汉字。除从汉译本借用少量汉译词，如"权利"（日文为"権利"）、"义务"（日文为"義務"）之类之外，他们在创造新词时主要采取两种方法：一是借用汉字，遵循汉语的构词法重新组合新词，如组合"哲""学"二字将"philosophy"译为"哲学"，将"principle"译为"原则"等；二是采用古汉语原有的、意义有某种关联的词，赋予其新的意义，使之成为新词。例如"封建"一词原出自《左传·僖公二十四年》中的"封建亲戚，以藩屏周室"，原意是"封疆建国，特指分封诸侯国"之意，日本将其借用，而用来翻译"feudal"，

特指一种社会制度。通过这两种方法创造的新词，有一定汉学修养的人，大都可以从汉字字面意义推知其实际含义。因此，中国人在翻阅日文典籍时，会发现越是高深、专业的书籍，汉字词越多，而且这些汉字词往往是具有实在意义的名词、形容词、动词，而用以连接这些汉字词的无实在意义的词语成分，才用假名书写。这就使得中国人在翻译一些专业的日文著作时，往往为了翻译的便利，选择直接吸收日文术语，马克思主义术语也不例外。

日本翻译马克思主义著作起步较早，历史较长，以"Bourgeois"一词为例，其翻译就经历了表7-3中的变迁过程。

表7-3　日本出版物中"Bourgeois"的翻译

日文文献名	作者/译者	"Bourgeois"的翻译
近世社会党ノ原因ヲ論ズ	小崎弘道	資本主
古今社会党沿革説（1882）	宍戸义知	財本主
現時之社会主義（1893）	深井英五	資本家
日本現時之社会問題（1897）	田岛锦治	資本主／資本家
近世社会主義（1899）	福井准造	資本主／資本家
社会主義（1899）	村井知至	資本家
近世社会主義評論（1900）	久松义典	資本家
社会主義概評（1901）	岛田三郎	資本家
私の社会主義（1903）	片山潜	資本家
社会主義神髄（1903）	幸德秋水	資本主
『共産党宣言』堺利彦・幸徳秋水全訳本（1904）	堺利彦、幸徳秋水	紳士
『共産党宣言』堺利彦・幸徳秋水完訳本（1906）	堺利彦、幸徳秋水	紳士
『共産党宣言』河上肇部分訳本（1919）	河上肇	資本家／有産者
『共産党宣言』櫛田民藏部分訳本	栉田民藏	資本家
『共産党宣言』内務省警保局訳本（1919年版）	内務省警保局	資産階級

『共産党宣言』堺利彦改訳本（1921）①	堺利彦	ブルジョア
『共産党宣言』内務省警保局訳本（1925年版）	内務省警保局	ブルジョア
『共産党宣言』早川二郎・大田黒年男共訳本（1930）	早川二郎・大田黒年男	ブルジョア
『共産党宣言』長谷川早太訳本（1930）	长谷川早太	有産者
『共産党宣言』志保田博彦訳本（1946）	志保田博彦	ブルジョア
『共産党宣言』社会科学研究会訳本（1946）	社会科学研究会	ブルジョア/ブルジョアジー

注：根据劉孟洋.『共産党宣言』における訳語の中日両言語間の交渉——「Bourgeois」の訳語を中心に [J]. 或問, 2017(31). 中的统计结果绘制

日本丰富的马克思主义著作和译本，为中国吸收马克思主义术语提供了广泛的蓝本。根据德国学者李博的统计，1903年前汉语从日语中借用的马克思主义术语如表7-4所示。

表7-4　1903年前汉语从日语中借用的马克思主义术语

日语	汉语
社会、社会的	社会、社会的
社会主義	社会主义
共産主義	共产主义
革命	革命
資本	资本
資本家	资本家
資本主義	资本主义
帝国主義	帝国主义
封建制度	封建制度、封建主义
階級	阶级
階級闘争	阶级斗争

---

① 堺利彦的《共产党宣言》改译本（1921）由于当时政府管制，只能转入地下秘密出版，原版入手非常艰难。根据玉冈敦（2011）的研究，该译本于1945年由彰考书院再版。因此，本研究中涉及的堺利彦《共产党宣言》改译本（1921），实际上参考了1945年彰考书院再版的版本。

续表

日语	汉语
生産	生产
生産手段、生産機関	生产资料
生産方法	生产方式
生産力	生产力
生産関係	生产关系
生産性	生产率
労働	劳动
労働力	劳动力
政治＋経済学	政治经济学
農民	农民
貧農	贫农
富農	富农
地主	地主
人民	人民
権力	权力
政権	政权
解放	解放
反動	反动
思想	思想
理論	理论
唯物論	唯物论、唯物主义
形而上学	形而上学

注：根据李博.汉语中的马克思主义术语的起源与作用[M].赵倩，等译.北京：中国社会科学出版社，2003.中的统计结果绘制

1903 年后汉语从日语中借用的马克思主义术语如表 7-5 所示。

表 7-5　1903 年后汉语从日语中借用的马克思主义术语

日语	汉语
矛盾、对立	矛盾
对立	对立
对抗	对抗
弁証法	辩证法
価值	价值
修正主義	修正主义
改造	改造
意識	意识
意識形態	意识形态
経済的基礎	经济基础
上層構造、上層建築	上层建筑
無産階級	无产者、无产阶级
知識階級	知识分子
実践	实践

注：根据李博.汉语中的马克思主义术语的起源与作用[M]. 赵倩，等译. 北京：中国社会科学出版社，2003.中的统计结果绘制

表 7-4 和表 7-5 直观地说明了日文马克思主义术语对中国的深刻影响。1911 年刊行的《普通百科新大词典》中更是明确指出："吾国新名词大半由日本过渡输入。"[①] 之后的《广学会三十六周年纪念册》亦证实："由日本贩入之新名词，人人乐用，何尝不反以新为善乎。"[②]

当然，在借用日文马克思主义术语时是直接借用，还是加以改动再用，不同学者的观点是截然相反的，这两种观点的碰撞促进了中国学人对日文马克思主义术语的推敲和改进。在这里，梁启超的翻译方式的转变过程鲜明地反映了这两种观点的

---

① 渚宗光. 中国近代出版史料 2 编[M]. 上海：群联出版社，1954: 95.
② 渚宗光. 中国近代出版史料 2 编[M]. 上海：群联出版社，1954: 333.

碰撞。在梁启超旅日初期,他是直接借用日文术语的典型代表。在他初到日本之时,他就在学习日文的过程中发明了"和文汉读法",将句子中的格助词去掉,仅留汉字词并颠倒语序,即可了解句子大意。此时,梁启超正处于通过日语获知西方文明的兴奋期,在"觉日人之可爱可钦"①的心理驱使下,他的文章中"仿效日本文体"而构造的句子俯拾即是。但随着日本生活的深入,梁启超对日本人的认识变为"发现日人之可畏可怖而可恨"②,他的翻译方式也由照搬术语的"直译法"转变为了对日文术语的斟酌。在1902年所做的《释革》一文中,他就"革命"一词做了深入的推敲。梁启超认为"革"字含有英文"reform"和"revolution"二义,"reform"一词,日本人译为"改革"或"革新";而"revolution"一词,日本人译为"革命"。"革命"一词源于中国,主要指"王朝变换"之意,而西方语义中的"revolution"一词,更偏重"国民变革"之意,因此,以"变革"代替"革命",更为贴切。这里,我们姑且不论梁启超的说法正确与否,他的经历代表了一部分中国学人在引进日文术语时的典型历程:照搬—怀疑—推敲—改进。我们从一些日文马克思主义术语在中文译本中的演进过程,也可以发现中国学人对待日文马克思主义术语的严谨态度。例如"生产资料"这一术语,在日文中原本的表述为"生産機関"或"生産手段"。在1938年版《资本论》中译本中,采用的是直接借用日文术语"生産手段"的译法,译为了"生产手段"。而到了1957年版的《资本论》和《马克思恩格斯全集》中,采用了在日文术语"生産手段"的基础上,结合德文原词"Producktionsmittel",对"生

---

① 夏晓红. 觉世与转世——梁启超的文学道路[M]. 北京:中华书局,2006: 177.
② 夏晓红. 觉世与转世——梁启超的文学道路[M]. 北京:中华书局,2006: 178.

产手段"的译法进行改进，译为了"生产资料"。①显然，这一译法更加准确，因为，按照马克思主义经济学原理，生产资料既包含劳动资料也包含劳动对象。"生产手段"一词，突出了劳动资料的工具性。而"生产资料"一词，相比"生产手段"一词，还强调了劳动对象这一属性，在内容和含义上更加全面、准确。因此，我们现在看到的马克思主义术语都不是从日本随意借用而来的，而是中国学人在再三斟酌、改进的基础上逐渐形成的。

如果没有日文马克思主义术语的中介作用，中国直接从马克思主义原著或英译本翻译成中文术语的难度将会大大增加，且会产生各种译本中文术语不统一的状况。由于有日译本对马克思术语的推敲，使得中文可以直接移植这些术语或稍加改动就能使用，缩短了术语的改进过程，从而大大提高了中国吸收马克思主义理论的效率，加快了马克思主义在中国传播的进程。

7.2.3 为中国培养了马克思主义的传播力量和中国共产党的组织基础②

日本宽松的留学环境为中国培养了大量留学生，他们无形中成为传播马克思主义的主力。在日本，留日学生创办了多达61种③报刊，他们成为宣传马克思主义的主要平台。1902年后，留日学生在《民报》《浙江潮》等刊物上连载大量日本社会主义专著的中译，如幸德秋水的《社会主义神髓》、福井准造的《近世社会主义》等。这些刊物也成为流亡日本的革命志士的阵地。

---

① 李博. 汉语中的马克思主义术语的起源与作用[M]. 赵倩, 等译. 北京：中国社会科学出版社, 2003: 185.

② 张妍. 马克思主义在日本的早期传播及对中国之影响[J]. 学术交流, 2017（4）：197.

③ 根据实藤惠秀. 中国人留学日本史[M]. 谭汝谦, 林启彦, 译. 北京：北京大学出版社, 2012: 291-294. 统计而得。

马军武、朱执信、梁启超等都曾在《民报》《新民丛报》等刊物上发文,阐述自己对社会主义的见解。

  日本的社会主义者和马克思主义者与中国的革命者过从甚密,他们直接影响了后者的思想和革命道路。早期的资产阶级革命派孙中山、宋教仁等在日本留学期间,都曾受到日本社会主义者的影响。孙中山在日本发起成立同盟会后,其会员章太炎、张继、刘师培等于1907年成立了社会主义讲习会"亚洲和亲会"。堺利彦不仅出席了大会,还发表了演说。堺利彦还曾在《新社会》上撰写多篇时评,分析中国革命形势,回顾与中国革命家的交往。而中国最早的马克思主义者李大钊受日本社会主义者和马克思主义者影响颇深。李大钊留学早稻田大学期间,受基督教社会主义者安部矶雄的思想影响较深,正是他的"人道主义触发了李大钊向社会主义思想转变"[①]。而河上肇对李大钊的影响也很深,李大钊的名篇《我的马克思主义观》就是参照河上肇的《马克思的社会主义理论体系》而成。[②]河上肇任京都大学教授期间,还与16名中国留学生有直接联系。片山潜也很关心中国的革命活动,他曾在五四运动前夕,发表《日本和中国》一文,展望中国革命的前途,并曾对"四一二"反革命政变后的中国共产党表示深切的同情。[③]

  而日本对中国共产党成立初期的影响更加明显。中国共产党的创建者,如李大钊、陈独秀、李汉俊、李达、陈望道等共产主义知识分子,都曾是留日学生,他们都是在日本最早接触到马克思主义的。表7-6可以更加直观地说明这一点。

---

  ① 安藤彦太郎. 未来にかける橋——早稻田大学と中国[M]. 东京:成文堂,2002:82.
  ② 张忠任. 马克思主义经济思想史[M]. 北京:东方出版中心,2006:67.
  ③ 张忠任. 马克思主义经济思想史[M]. 北京:东方出版中心,2006:26.

表 7-6 中国共产党成立相关人员赴日履历

姓名	时间	赴日履历
陈独秀	1901、1907、1914	入东京高等师范学校学习，后转入早稻田大学，1914 年在日本与章士钊创办《甲寅》杂志
李汉俊	1902	东京帝国大学学习
陈望道	1915	入东洋大学、早稻田大学、中央大学等校学习
李达	1913、1917、1918	三次赴日，1913 年官费留学日本，1917 年从日本归国参加五四运动，1918 年赴日专修马克思主义
李大钊	1913	早稻田大学政治本科学习
董必武	1914、1916	入私立日本大学学习，1915 年回国参加反袁活动，出狱后再赴日本
周恩来	1917	从南开学校赴日留学
彭湃	1917	赴日留学期间参加留日学生反帝反封建斗争
王若飞	1917	在黄齐声带领下赴日留学
周佛海	1917	赴日留学，后多次赴日

注：根据田子渝.1918－1922 马克思主义在中国初期传播史[M]. 北京：学习出版社.2012.绘制

第三节　日本对中国马克思主义早期传播的消极影响

7.3.1　日式解读的局限性影响了中国对马克思主义的理解

中国早期先进的知识分子学习引进的并非原生态的马克思主义，而是日本语境的"学理马克思主义"[①]，理论重于实践。马克思主义初期传播的基本队伍主要由留日学生及旅日华人组成，他们受当时的认知水平和主观需要所限，并非所有的马克

[①] 王刚. 马克思主义中国化的起源语境研究[M]. 北京：人民出版社，2011：67.

思主义日译本都能翻译成中文。而且，日本学者研究马克思主义的著作与马克思主义日译本存在时间差，往往前者早于后者（如福井准造早在1899年的《近世社会主义》第二编第一章中就介绍了《资本论》，但直到1909年，《资本论》的开头部分才由安部矶雄译为日文），导致中国知识界对马克思主义学说的了解，主要依据日本学者的研究成果，翻译出来的大多是日本学者的二手著作，话语、解读方式几乎全部是日式的。加之当时留日学生大多为官费生，生活宽裕，也较少受到组织上和思想上的束缚，因而较多地从理论上接受马克思主义，并不重视其相关的实践。

日本早期传播的马克思主义并不纯粹，其日式解读的局限性深刻影响了中国的传播者对马克思主义的理解。外籍人士将共产主义和社会主义思想引入日本时，其初衷是宣传基督教。日本早期传播的马克思主义是在与改良主义、无政府主义、空想社会主义、基督教社会主义等思想的对立和竞争中发展起来的。甚至到1922年日本社会党成立之时，这种对立和竞争依然存在。

即使作为早期日本社会主义思潮传播的领军人物的河上肇、片山潜、幸德秋水等人，受主观因素左右，也存在着对马克思主义的科学社会主义认识上的不足。例如，幸德秋水在《社会主义神髓》中已经将社会主义的解读上升到所有制层面：但强调是消除阶级差别的"全民公有制"，是"把一切生产资料……移交给社会人员公有"[1]，渗透了空想社会主义色彩。他还认为社会主义是"民主主义"和"世界和平主义"[2]等，反映出对残酷的革命斗争形势认识不足，缺乏无产阶级革命的自觉。但这

---

[1] 幸德秋水. 社会主义神髓[M]. 马采, 译. 北京：商务印书馆, 2012: 11.
[2] 幸德秋水. 社会主义神髓[M]. 马采, 译. 北京：商务印书馆, 2012: 38.

种充满资产阶级人文关怀的解读方式,迎合了当时包括中国在内的亚洲知识分子的文化心理,直接影响了他们对马克思主义的理解。

7.3.2　中国难以从日本汲取阶级斗争的经验

与十月革命后自苏俄传入的马克思主义相比,早期从日本传入的马克思主义缺乏成熟的政党理论,更缺乏成功的社会主义运动实践。因此,当时中国能从日本汲取的有关社会主义运动的斗争经验极其有限。①日本早期的社会主义运动是精英式的尝试,领导权掌握在少数知识分子手中,斗争方式多采取建党、集会、演说、罢工等形式,将暴力革命排除在外。群众基础薄弱,虽有工人阶级参与,但由于缺乏马克思主义的正确领导,没有形成有组织的工人运动。与马克思、恩格斯重视工人阶级的力量不同,在日本早期的社会主义者心中,社会主义的主要宣传者和实践者是空泛的"志士仁人"②,没有意识到工人阶级是可依靠的独立的政治力量。作为运动领导的知识分子,由于资产阶级自身的软弱性,虽然试图发动工人阶级反抗政府的压迫,却在内心深处幻想与政府和平共处,并没有形成自觉的民主主义意识。如 1901 年片山潜等组织的"日本工人联谊会",一度召集了 15000 人参与,但其决议开头依然表示了对天皇制的臣服:"我等帝国臣民承蒙天皇隆恩,今日在向岛'二六'运动场召开联谊会,诚心诚意制定如下决议。"③

---

① 张妍. 马克思主义在日本的早期传播及对中国之影响[J]. 学术交流,2017(4):198.
② 幸德秋水. 社会主义神髓[M]. 马采,译. 北京:商务印书馆,2012:11.
③ 守屋典郎. 日本マルクス主義の歴史と反省[M]. 東京:合同出版,1980:4.

第八章 结 语

明治维新后到第一次世界大战之前,日本基本上处于马克思主义的引进、消化时期,以翻译、介绍为主。并且,马克思主义并非被单独引进,最初它是作为一种社会主义思想,混杂在其他社会主义思想中被引入日本。甲午战争后,在工人运动的推动下,日本形成了社会主义思潮,但马克思主义并没有成为这一思潮中的主流思想,工人运动也没有得到马克思主义的指导。因此,在相当长的一段时间内,马克思主义都处在与空想社会主义、基督教社会主义、无政府主义的竞争中。日本的社会主义者第一次接近马克思主义的科学社会主义,始于幸德秋水的《社会主义神髓》和片山潜的《我的社会主义》,这标志着马克思主义在日本真正传播起来。但马克思主义的早期传播在天皇政府的镇压下,在"大逆事件"后,伴随着社会主义思潮的衰落进入了"寒冬"。

第一次世界大战后,马克思主义在日本的传播进入了一个新的阶段。随着工人运动的重新高涨,日本共产党成立,标志着工人运动和科学社会主义的结合。日本的马克思主义者也不再满足于单纯地"移植"马克思主义理论,而是将其作为理论的和方法的武器,来分析日本的资本主义的历史和构造,从而制定革命的路线和方针。与一战前日本的社会主义者主要吸收马克思主义的科学社会主义思想不同,一战后日本的马克思主义经济学研究和马克思主义哲学研究都取得了突破,马克思主义在日本得到了初步的应用,"日本马克思主义"初具规模。在传播的理论的内在逻辑方面,与其他国家马克思主义理论的传播顺序相似。在日本,马克思主义的传播同样遵循着首先导入科学社会主义理论,其次导入马克思主义经济学,最后才认识到马克思主义的哲学基础这一规律。

二战结束后,许多马克思主义者获得释放,二战后经济的稳定发展、思想的解禁给日本的马克思主义学界提供了更高的自由度。日本的马克思主义研究取得了飞跃,并在20世纪60年代迎来了小高潮,并在此后逐渐形成了独立的日本马克思主义流派。首先,日本马克思主义经济学得到了迅速复苏和发展。不仅二战结束前马克思主义经济学的重要成果得到了整理,在马克思主义经济学学说史上也取得了重要成就。不同的经济学派百花齐放,推动日本马克思主义经济学研究在世界经济学界占有一席之地。其次,在马克思主义哲学研究方面,日本马克思主义学者逐渐摆脱了苏联教条式马克思主义的藩篱,逐渐形成了日本独有的马克思主义见解,并形成了一系列日本独有的研究成果,其重视文献研究和文本解读的特色更加显著。尤其是日本作为参与新MEGA编辑的主要国家,对世界的马克思主义文本考证做出了重要贡献。

在社会主义运动方面,二战后,日本共产党努力摆脱苏联模式,独立自主地进行实现社会主义的积极尝试。通过新党纲的修订,确立了推行以国民为中心的民主改革,一步一步过渡到社会主义的路线。逐渐形成了日本共产党独有的"日本式社会主义"。

马克思主义在日本的传播,是以知识分子为主导、工农联盟为辅、加之左翼政党团体推动的思想变革。在传播领域方面,研究内容全面,多种学说并存。传播途径是理论研究和实践活动并行。并且,传播以术语成型为基础。传播路径呈波浪式前进，思想交锋激烈。在传播期间，经历了理论层面的思想对立、碰撞，政治层面的"左""右"倾斗争。它与日本民众的反帝反专制斗争交织在一起，并在文化领域掀起了一场无产阶级文化运动，凸显了日本社会的内在矛盾。

马克思主义在日本的传播，对日本社会产生了深刻影响。它有力地支持了日本民众的反专制反帝斗争，为学术界带来了马克思主义的研究视角。马克思主义的传播诞生了无产阶级文化，催生了无产阶级文学流派。这种传播也凸显了日本社会的内在矛盾。

马克思主义在日本的传播是一个思想变革的过程，也是一个思想输入和输出的过程，它对其他亚洲国家都产生了深刻的影响。作为马克思主义在日本传播影响的辐射国，中国在五四运动前受日本影响颇深。日本不仅是马克思主义理论的重要来源国，还深刻影响了中国马克思主义的话语体系。日本语境下对马克思主义的解读也深刻影响了中国对马克思主义的解读方式，为中国培养了马克思主义的传播力量和中国共产党的组织基础。同时，马克思主义在日本的传播对中国的消极影响也很明显：首先，日式解读的局限性影响了中国对马克思主义的理解。其次，中国难以从日本汲取阶级斗争的经验。

但遗憾的是，相比日本在马克思主义研究领域取得的成就，日本在马克思主义的实践领域取得的成果则相对弱化。可以说，马克思主义在日本的传播主要是一种学术思潮，日本的社会主义运动和无产阶级运动并没有对统治阶级构成真正的威胁。虽然日本共产党一直致力于社会主义改革的实践，积极推行民主改革和议会斗争，但一直处于日本比较有影响力的在野党这一地位，始终未能成为执政党。而反观与日本一衣带水的中国，作为受日本马克思主义传播影响的辐射国，中国引进马克思主义比日本晚，但马克思主义却成了中国革命的理论指南，并最终指引了革命的成功,建立了社会主义国家,马克思主义也成为主流意识形态。而马克思主义在日本至今仍止步于学术研究,日本共产党也始终处于在野党的地位,其中的原因值得深思。

第一,中日两国国情不同,决定了两国对于前途的选择不同,也决定了马克思主义的不同定位。纵观中国的近现代史,是一部中国人民为了摆脱半殖民地半封建的社会性质而为之斗争的历史。马克思主义在中国的传播,是在外国资本主义入侵中国、人民的反抗和革命日益高涨的情况下开始的。在当时的中国,如何摆脱帝国主义和封建主义的压迫,争取独立和解放,是政治生活的重心,也是民心之所向。马克思主义之所以能在中国得到广泛的传播与发展,并成为中国共产党的革命指南,就在于它对上述问题能够做出科学的反映和概括,对时代提出的要求能够做出正确的回答。在帝国主义、封建主义、官僚资本主义的三重压迫下,中国的资产阶级具有先天的不足和软弱性。因此,在半殖民地半封建的社会背景下,中国的资产阶级无法使中国像日本那样走上资本主义道路,革命任务落在无产阶级肩上。在中国共产党的领导下,以工农联盟为基础,最终走出了一条中国特色社会主义道路。而日本在明治维新后,就走上了资本主义道路,通过工业革命的推进和对外侵略,成为一个资本主义强国。与半殖民地半封建的中国相比,日本资本主义经济要发达得多,资本主义制度要稳定得多,要撼动这样一个相对成熟的体制,难度要比中国大得多。加之随着日本资本主义经济的日益成熟,资本家采取了一些缓和劳资矛盾的措施,如给予工人一部分企业股份、宣扬工人与企业是一体的等,这使得日本的无产阶级反抗资产阶级的意愿大大降低,无法形成规模化的革命运动。因此,与中国相比,日本马克思主义在实践性上是弱化的,它的学理性更加浓厚。

第二，中国共产党在成立之初就将建立无产阶级政权作为革命的追求，并将马克思主义作为自身行动的指南，而日本共产党人微言轻，对于将马克思主义付诸实践无能为力。在中国，马克思主义的传播不是在书斋里、沙龙里，也不是停留在书本上，而是同革命实践、同反帝反封建的群众运动密切结合的。[①] 以蔡和森为代表的早期共产党人就认为，"阶级战争——无产阶级专政"是"现世界革命唯一制胜的方法"[②]。而以毛泽东为代表的共产党人坚持马克思主义与中国革命实践相结合的原则，提出了人民民主专政的思想。随着革命的不断推进，人民民主专政不断丰富和发展，成为中国共产党人创造性地应用马克思主义国家学说的典范。而反观日本，天皇政府对马克思主义的传播始终采取高压态势。日本共产党在二战结束前始终是非法政党。在政府向法西斯迈进时，这种白色恐怖更加严重了。在九一八事变爆发后，日本的工人、农民、知识分子的革命斗争达到了一个空前的高潮，马克思主义在日本传播的规模和受众程度也达到了整个二战结束前的最高水平。但是，日本的无产阶级没能阻止战争爆发，也未能推翻天皇制。日本共产党没有将无产阶级的革命斗争引向胜利是其重要的原因之一。虽然日本共产党与党内的"左""右"倾思想进行了英勇的斗争，并为重建工作不懈努力。但并没有形成一个彻底克服宗派主义和"左""右"倾机会主义、密切联系群众与在政治上、组织上成熟的政党。日本共产党没能粉碎右翼社会民主主义者的阴谋，也未能抵抗住天皇政府的镇压。因此，与中国不同，日本共产党经过二战没有像中国共产党那样壮大，反而被消灭殆尽了。并且，日本的马克思主义者对天皇的情感十分复杂，导致他们

---

① 庄福龄. 中国马克思主义哲学传播史[M]. 北京:中国人民大学出版社,1988: 50.
② 蔡和森. 蔡和森文集[M]. 北京：人民出版社，2013: 71.

在推翻天皇制一事上无法达成一致。虽然日本共产党在共产国际的指导下，在纲领中多次表示废除天皇制，但在党内却始终无法达成一致。根源在于，天皇自古以来就是"万世一系"的代表，在日本国民心中有特殊的含义。在这种特殊情感的支配下，日本共产党实际更倾向于建立立宪政体。而中国的君主专制没有"君权神授"的概念，信奉的是"王侯将相，宁有种乎"，武力成为政权更迭的主要决定因素，早在辛亥革命时封建君主制就已被推翻。因此，中国在建立社会主义政体时更为决绝和干脆。

第三，马克思主义在中国传播的过程中，逐渐形成了中国特色马克思主义理论，并成为主流意识形态，而日本学者对马克思主义的研究往往出于个人兴趣，使得马克思主义在日本停留在学术思潮，而没有上升到意识形态的高度。马克思主义不是教义，而是方法，是研究和行动的指南。以毛泽东为代表的马克思主义者，敢于面对现实生活。善于应用马克思主义去分析和解决中国革命的实际问题。根据对中国具体国情的科学分析，创造性地提出了一条以农村包围城市、武装夺取全国胜利的革命道路，并运用统一战线推动了历史的前进。中国特色马克思主义理论是马克思主义与中国实际相结合的产物，在这一理论的指导下，中国革命取得了一个个胜利，并最终建立了人民民主专政的社会主义国家，马克思主义也成了主流意识形态。日本的马克思主义者虽然也发起了一些工人运动，但主要以政治罢工为主，缺乏自己的武装力量，不能对统治者构成真正的威胁。尤其是日本共产党脱离群众，没有发动起占全国一半人口的农民的力量。如前所述，日本共产党与工会组合和农民组合最终都走向了分裂。没有群众基础，日本共产党孤立无援，加之内部的分化斗争，作为一个非法的马克思主义政党，在天皇政府积极备战侵略的白色恐怖下走向解散，直至二战后才重建。在这种局面下,马克思主义绝无可能作为一种意识形态而存在,而只能作为一种学术思潮而存在。并且,日本一些学者对马克思主义的研究,是出于个人的兴趣和信仰,并不一定会参与到马克思主义的实践中来。这也进一步加深了日本马克思主义的学理性,弱化了实践性。

马克思主义是在实践中不断发展的,它绝不是脱离实践的故步自封、僵化不变的学说。对比马克思主义在中日两国的不同命运,我们更深刻地体会到这一点。只有在实践中不断解放思想,才能不断开创马克思主义的新境界,这是我们事业不断前进的必然要求。因此,研究马克思主义在日本的传播,对于我们吸取它的经验、教训,反思我国的革命和社会主义事业,有一定的现实意义。

参考文献

一、中文著作：

[1]中共中央编译局. 马克思恩格斯文集（第 1-10 卷）[M]. 北京：人民出版社，2009.

[2]望月清司. 马克思历史理论的研究[M]. 韩立新，译. 北京：北京师范大学出版社，2009.

[3]王刚. 马克思主义中国化的起源语境研究[M]. 北京：人民出版社，2011.

[4]曹天禄. 日本共产党的"日本式社会主义"理论与实践[M]. 北京：中国社会科学出版社，2004.

[5]谭晓军. 日本马克思主义经济学派史[M]. 北京：中国社会科学出版社，2012.

[6]幸德秋水. 社会主义神髓[M]. 马采，译. 北京：商务印书馆，2012.

[7]日本共产党第八届中央委员会历次全体会议主要文件[M]. 北京：人民出版社，1966.

[8]日本共产党中央委员会. 日本共产党的六十年（1922－1982 年）[M]. 段元培，等译. 北京：人民出版社，1986.

[9]田子渝. 1918－1922 马克思主义在中国初期传播史[M]. 北京：学习出版社. 2012.

[10]郭刚. 中国早期马克思主义的传播[M]. 北京：人民出版社，2010.

[11]李民等. 近代日本思想史[M]. 北京：商务印书馆, 1992.

[12]森正南. 日本社会运动斗争史（前篇）[M]. 赵南柔, 等译. 上海：中国建设印务股份有限公司, 1950.

[13]升味准之辅. 日本政治史：第1－4册[M]. 董果良, 译. 北京：商务印书馆, 1997.

[14]帅能应. 发达资本主义国家共产党的历史与现状[M]. 北京：中国人民大学出版社, 1990.

[15]王坚红. 冷战后的世界共产党[M]. 北京：中央党史出版社, 1996.

[16]萧枫. 社会主义向何处去——冷战后世界社会主义运动大扫描[M]. 北京：当代世界出版社, 1999.

[17]周光庆. 汉语与中国新文化启蒙[M]. 台北：东大图书公司, 1997.

[18]实藤惠秀. 中国人留学日本史[M]. 谭汝谦, 林启彦, 译. 北京：北京大学出版社, 2012.

[19]舒新城. 近代中国留学史[M]. 上海：上海书店出版社, 2011.

[20]岩佐茂. 环境的思想[M]. 韩立新, 译. 北京：中央编译出版社, 1997.

[21]张忠任. 马克思主义经济思想史[M]. 北京：东方出版中心, 2006.

[22]介绍日本共产党[M]. 陈立旭, 译. 北京：中共中央党校科研办公室, 1986.

[23]黄楠森, 庄福龄, 林利. 马克思主义哲学史[M]. 北京：北京出版社, 1996.

[24]中共中央编译局. 列宁全集[M]. 北京：人民出版社, 1987.

[25]那庚辰. 近代日本思想史[M]. 北京：商务印书馆, 1992.

[26]韩立新. 当代学者视野中的马克思主义哲学[M]. 北京：北京师范大学出版社，2014.

[27]渚宗光. 中国近代出版史料2编[M]. 上海：群联出版社，1954.

[28]夏晓红. 觉世与转世——梁启超的文学道路[M]. 北京：中华书局，2006.

[29]纪廷许. 现代日本社会与社会思潮[M]. 北京：中国社会科学出版社，2007.

[30]毛泽东. 毛泽东选集[M]. 北京：人民出版社，1991.

[31]林代昭. 潘国华. 马克思主义在中国（上）[M]. 北京：清华大学出版社，1983.

[32]梁启超. 南海康先生传[M]//饮冰室合集·文集之六. 北京：中华书局，1989.

[33]梁启超. 干涉与放任[M]//饮冰室合集·专集之二. 北京：中华书局，1989..

[34]梁启超. 二十世纪之巨灵托辣斯[M]//饮冰室合集·文集之十四. 北京：中华书局，1989.

[35]陈书良. 梁启超文集[M]. 北京：燕山出版社，2009.

[36]孙中山. 孙中山全集第9卷[M]. 北京：中华书局，1986.

[37]依田熹家. 近代日本与中国 日本的近代化——与中国的比较[M]. 卞立强，等译. 上海：上海远东出版社，2004.

[38]吕万和. 简明日本近代史[M]. 天津：天津人民出版社，1984.

[39]曾枝盛. 20世纪末国外马克思主义纲要[M]. 北京：中国人民大学出版社，1998.

[40]李大钊. 李大钊全集：第2卷[M]. 北京：人民出版社，2006.

[41]陈独秀. 陈独秀著作选：第 2 卷[M]. 上海：上海人民出版社，1993.

[42]高军，等. 五四运动前马克思主义在中国的介绍与传播[M]. 长沙：湖南人民出版社，1986.

[43] 李大钊. 李大钊文集：下卷[M]. 北京：人民出版社，1984.

[44]吴竞存. 论向心式——现代汉语构词法研究[M]. 上海：新知识出版社，1957.

二、外文著作：

[1]岩崎允胤. 日本マルクス主義哲学史序説[M]. 東京：未来社，1971.

[2]小山弘健. 日本マルクス主義史概説[M]. 東京：芳賀書店，1970.

[3]守屋典郎. 日本マルクス主義の歴史と反省[M]. 東京：合同出版，1980.

[4]日本共産党中央委員会. 日本共産党の八十年[M]. 東京：日本共産党中央委員会出版局，2003.

[5]立花隆. 日本共産党の研究[M]. 東京：講談社，1978.

[6]小山弘健. 日本マルクス主義史[M]. 東京：青木書店，1956.

[7]太田雅夫. 明治社会主義資料叢書（第 1-7 卷）[M]. 東京：新泉社. 1972.

[8]伊藤勲. 明治政党発展史論[M]. 東京：成文堂，1990.

[9]山田央子. 明治政党論史[M]. 東京：創文社，1999.

[10]川口武彦. 日本マルクス主義の源流[M]. 東京：ありえす書房，1983.

[11]久野収等. 現代日本の思想[M]. 東京:岩波書店，1975.

[12]市川正一. 日本共産党闘争小史[M]. 東京：大月書店，

1965.

[13]木原实. 日本社会主義運動史[M]. 東京：労大新書，1977.

[14]田川和夫. 日本共産党史[M]. 東京：現代思潮社，1972.

[15]清水靖久，等訳. 河上肇——日本的マルクス主義者の肖像[M]. 東京：ミネルヴァ書房，1991.

[16]日本共産党中央委員会. 日本共産党綱領文献集[M]. 東京：日本共産党中央委員会出版局，1998.

[17]志位和夫. 平和か戦争か——歴史の岐路と日本共産党[M]. 東京：新日本出版社，2014.

[18]大下英治. 日本共産党の深層[M]. 東京：イースト·プレス，2014.

[19]不破哲三. 歴史から学ぶ——日本共産党史を中心に[M]. 東京：新日本出版社，2013.

[20]不破哲三. 新日本共産党綱領を読む[M]. 東京：新日本出版社，2004.

[21]安藤彦太郎. 未来にかける橋——早稲田大学と中国[M]. 東京：成文堂，2002.

[22]河上肇. マルクス主義経済学の基礎理論[M]. 東京：改造社，1929.

[23]河上肇. 自我清算之八[M]. 東京：改造社，1927.

[24]大原慧等. 日本社会主義文献解説[M]. 東京：大月書店，1958.

[25]日本共産党中央委員会：日本共産党綱領文献集[M]. 東京：日本共産党中央委員会出版局，1998.

[26]野呂栄太郎. 日本資本主義発達史[M]. 東京：鉄塔書院，1932.

[27]永田广志. 唯物史観講話[M]. 東京：白揚社，1946.

[28]戸坂潤. 戸坂潤全集（第一至第三卷）[M]. 東京：勁草書房，1966.

[29]住谷悦治. 日本経済学の源流 ラーネッド博士の人と思想[M]. 東京：教文館，1969.

[30]岸本英太郎. 片山潜·田添鉄二集[M]. 東京：青木書店，1955.

[31]河上肇. 資本論入門第一分册[M]. 東京：青木文庫，1952.

[32]福本和夫. 経済学批判のために[M]. 東京：改造社，1928.

[33]福沢諭吉. 福沢諭吉全集第五卷[M]. 東京：岩波書店，1958.

[34]福本和夫. 唯物史観と中観派史観[M]. 東京：改造社，1927.

[35]田辺元. 回想の戸坂潤[M]. 東京：筑摩書房，1976.

[36]清水靖久. 河上肇——日本的マルクス主義者の肖像[M]. 京都：ミネルヴァ書房，1991.

[37]河上肇. 日本近代思想大系 18:河上肇集[M]. 東京：築摩書房,1977.

[38]向坂逸郎. 日本社会主義運動史[M]. 東京：室町書房，1955.

[39]堺利彦. 日本社会主義運動史[M]. 東京：河出書房，1954.

[40]荒畑寒村. 日本社会主義運動史[M]. 東京：毎日新聞社，1948.

[41]渡部義通. 日本社会主義文献解説（明治維新から太平洋戦争まで）[M]. 日本：日本図書中心，1997.

三、期刊论文：

[1]胡为雄. 马克思主义传入日本再转传中国过程中的日本学者[J]. 中共中央党校学报，2014（4）.

[2]门晓红. 日本早期社会主义思潮对中国共产党的影响[J]. 马克思主义研究，2011（10）.

[3]赵行大. 马克思主义在日本的传播及其特点[J]. 日本问题研究，1995（2）.

[4]王奇生. 取径东洋，转道入内——留日学生与马克思主义在中国的传播[J]. 中共党史研究，1989（6）.

[5]贾纯. 马克思主义哲学在战前日本的传播与发展[J]. 社会科学辑刊，1983（2）.

[6]张经纬. 马克思主义史学在日本的传播与发展[J]，史学理论研究，2007（2）.

[7]韩立新. "日本马克思主义"：一个新的学术范畴[J]. 学术月刊，2009（9）.

[8]彭曦. "日本马克思主义"的日本特色——以广松涉和山之内靖解读马克思为例[J]. 日本学刊，2012（3）.

[9]党为. 1921年以前马克思主义学说在日本的传播——兼及中国的转译[J]. 湖北社会科学，2012（3）.

[10]朱艳圣. 1990年以来的日本社会运动[J]. 当代世界社会主义问题，2003（3）.

[11]高娟，方菲. 二战后日本的马克思主义[J]. 国家行政学院学报，2003（5）.

[12]张利军. 2007年度日本马克思主义研究的关注焦点[J]. 理论视野，2008（10）.

[13]赵春旸. 河上肇的思想发展及其对传播马克思主义的贡献[J]. 吉林大学社会科学学报，1986（2）.

[14]袁方. 冷战结束后日本马克思主义研究综述[J]. 北京

行政学院学报，2005（5）.

[15]辛绍军. 论日本马克思主义对战后日本政治经济的影响[J]. 学术论坛，2010（20）.

[16]张卉. 马克思主义在日本[J]，当代世界社会主义问题，1985（1）.

[17]伊文成. 日本近代工人运动和社会主义运动的发展和挫折浅析[J]. 外国问题研究，1985（1）.

[18]王爱云. 日本早期社会主义思潮与中国革命[J]. 广东海洋大学学报，2012（2）.

[19]唐晓勇. 战后日本马克思主义哲学发展的基本特征[J]. 社会科学研究，2001（6）.

[20]毛传清. 马克思主义传入中国的三条渠道之比较[J]. 武汉交通科技大学学报（社会科学版），2000（4）.

[21]张谷. 河上肇的马克思主义与中国思想[J]. 武汉交通科技大学学报（社会科学版），2007（4）.

[22]上田万年. 关于中国留学生[J]，太阳，1898（4）.

[23]刘晶芳. 五四运动与马克思主义在中国的传播[J]. 史学集刊，2009（2）.

[24]钱存训，戴文伯. 近世译书对中国现代化的影响. 明报月刊，1986（9）.

[25]高尔德别耳格. 1897－1906 年日本的工人运动和社会主义运动[J]. 历史问题，1956（8）.

[26]片山潜. 关于马克思主义在日本的诞生和发展问题[J]. 前卫，1959（5、6）.

[27]方昌杰. 日本社会主义思想史（提要）[J]. 东方哲学研究，1979（1）.

[28]张妍. 马克思主义在日本的早期传播及对中国之影响[J]. 学术交流，2017（4）.

[29]福本和夫.＜方法転換＞はいかなる諸過程をとるか[J].マルクス主義，1925（10）.

[30]河上肇.歴史の経済的説明[J].史学雑誌，1904（8）.

[31]河上肇.唯物史観研究[J].三田学会雑誌，1921（10）.

[32]玉城素.猪俣津南雄における「マルクス主義」[J].思想の科学，1996（5）.

[33]劉孟洋.『共産党宣言』における訳語の中日両言語間の交渉——「Bourgeois」の訳語を中心に [J].或問，2017（31）.

[34]大田和寛.1920 年代におけるマルクス主義の受容と社会科学文献[J].大原社会問題研究所雑誌，2010（617）.

[35]《Novotná.Contributions to theStudy of Loan-Words and Hybrid Words in Modern Chinese》，Archiv Orientální, 1969, (35):

四、网络资源：

[1]しんぶん赤旗：http://www.jcp.or.jp/akahata/

[2]日本共産党：http://www.jcp.or.jp